这是一个可以成就梦想的年代，

我们都在努力奔跑，

我们都是追梦人。

河水洋洋

常秀芹　著

黄河滩区乡村振兴
影像图志

山东美术出版社

济南

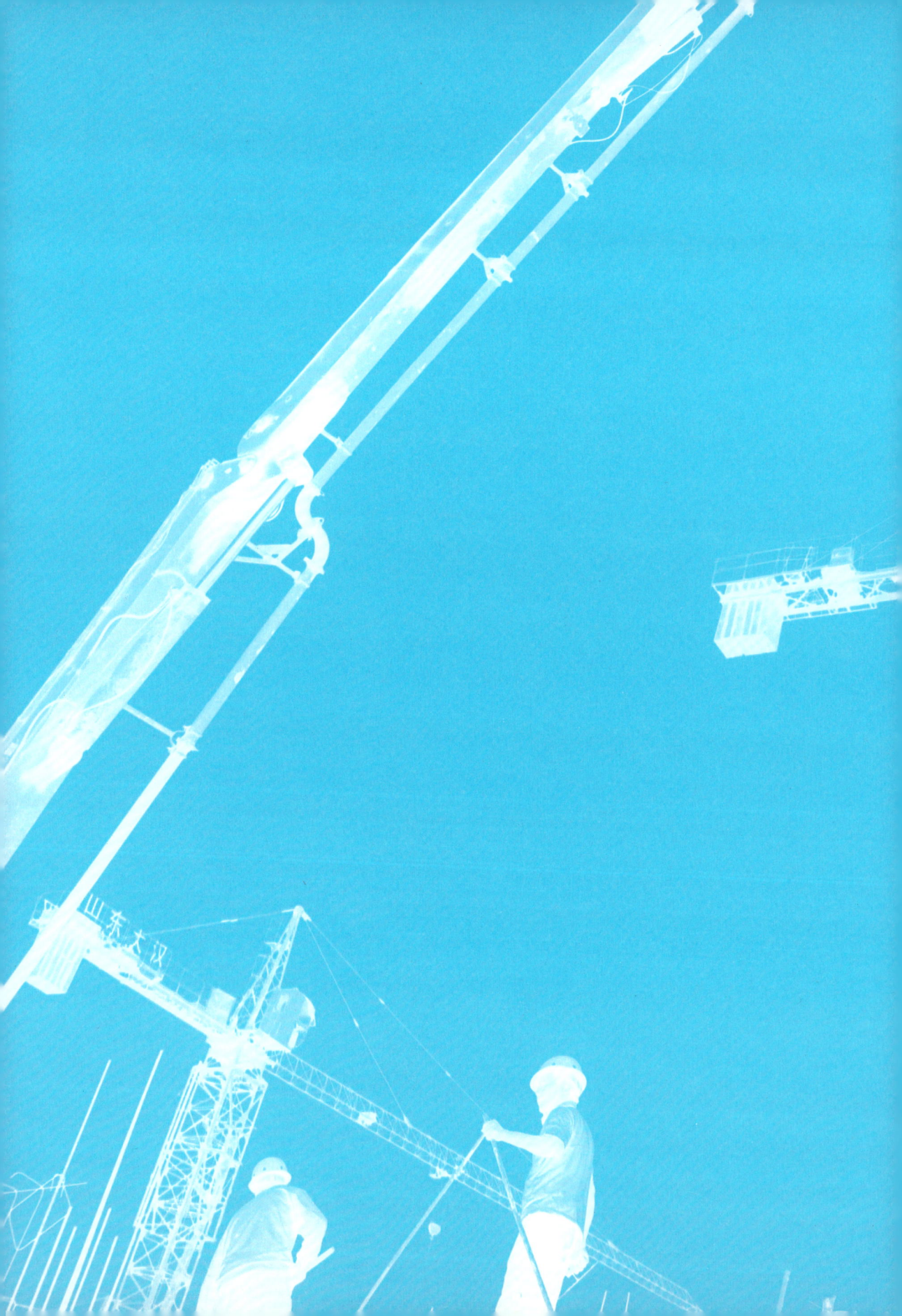

　　20 世纪以来，现代科学技术的迅猛发展为影像艺术提供了更广阔的发展空间和创作天地。从本质上来说，真正将艺术和科技相结合并开拓出一片崭新创作空间的正是包括摄影、电影在内的影像艺术。不论摄影还是电影，它们都共同经历了由胶片到数码、从黑白到彩色的变身。而 20 世纪 20 年代后期有声电影的出现，使电影艺术实现了由默片到有声片的跨越，也使电影成为集视觉艺术与听觉艺术、时间艺术与空间艺术、造型艺术与动态艺术、再现艺术与表现艺术于一身的综合艺术样式。与此同时，摄影艺术也发展迅速，在世界各国出现了各种不同的风格与流派，其中最具影响力的有绘画主义摄影和纪实主义摄影，而纪实主义摄影至今仍然是摄影艺术中最重要的一个类别。摄影家路易斯·海因的一组记录美国各地童工生存状态的纪实主义摄影作品能够促进美国国会最终颁布《童工法》；摄影家解海龙的《大眼睛》系列摄影作品能够催生一个"希望工程"。可以说，摄影瞬间性与永固性的影像价值是其他艺术形式所无法比拟的，这也为摄影艺术赢得了"一图胜千言"的美誉。但是随着互联网技术的发展和媒体融合进程的不断推进，信息传播中的视、听、图、文不再被割裂，视频传播、融合传播已经成为影像传播的主流。

作为中华民族的母亲河，一方面，关于黄河题材的影像书写与传播是艺术家的使命责任，另一方面，黄河精神也为艺术创作提供了不竭的灵感源泉。山东是沿黄九省区唯一地处东部并拥有广阔开放地带的省份。黄河从这里奔流入海，这对山东在黄河战略中的地位增添了特别的意义。然而，黄河下游自古就有"易淤、易决、易徙"的特性，洪涝灾害多，治理难度大。党的十八大以来，脱贫攻坚成为全面建成小康社会的重要内容。根据党中央、国务院的决策部署，到 2020 年，山东要解决 64 万黄河滩区群众的防洪安全和安居问题。黄河滩区脱贫迁建是党中央交给山东的一项重大政治任务，寄托着黄河滩区群众百年"安居梦""致富梦"，对全省决战脱贫攻坚、推进乡村振兴具有重大战略意义。

山东的黄河滩区改造涉及 17 个县市，地域面广，涉及人口多。其中，菏泽是黄河滩区脱贫迁建的重点、难点，也是山东省脱贫攻坚的主战场。受洪水威胁，菏泽黄河滩区群众的生产生活条件相当恶劣。由于河道内不允许发展工业及其他产业，黄河滩区的安全设施、水利、交通、能源、教育、卫生等基础设施建设严重滞后，国家和地方的扶贫政策难以落实，群众生活水平低，黄河滩区内外经济发展差距日益加大。黄河山东段 64 万滩区群众饱受水患威胁，对于他们来说，脱贫的第一步就是要脱离黄河滩区，脱离黄河滩区是实现乡村振兴的前提和基础。

在成为一名高校教师之前，常秀芹有很长时间在从事电视记者、编导工作。持续二十余年的影视编导职业经历，锻炼了她的职业精神和扎实的专业能力。再加上她科班出身的摄影专业背景，这些综合的学术积累，使她在黄河题材的纪录影片创作中，也能敏锐地意识到静态影像对于黄河滩区乡村振兴的特殊意义。所以我很高兴地看到，她带领团队在 2019 年推出电视纪录片《河水洋洋》后，又精心策划设计并最终推出这样一本厚重的以静态影像为主要呈现形态的著作。书中按照结构布局，在每一篇章又穿插了视频短片，以二维码形式延展读者的阅读时空，不仅大大丰富了书本内容，也真正体现了当下融合传播的理念。

基于师生关系，我可能比其他人更多地了解过去五年多时间里常秀芹的工作状态。除了一部乳娘电影的创作，她基本上每年寒暑假都在黄河滩区，节假日在黄河滩区，甚至年三十都在黄河滩区。她凭借过硬的基本功，带领团队积攒了大量宝贵的第一手素材，真正体现了艺术创作要立足时代，扎根人民，反映现实。从目前常秀芹团队推出的纪录片《河水洋洋》系列作品来看，她的作品体现了现实主义精神和浪漫主义情怀，体现了深入一线，俯下身、沉下心，去发现人民关切、触摸人民悲欢的创作精神和态度。《河水洋洋》也获得泰山文艺奖，第 25 届中国纪录片学术盛典好作品奖，中宣部宣传舆情研究中心、中宣部"学习强国"学习平台组织的全国性大赛二等奖和其他各类奖项数次。她还在筹备一部关于黄河滩区乡村振兴的大电影，她已经有过创作院线电影的经验，我希望她这个美好愿望能够早日实现。

持续五年多的创作，对于纪实摄影来说，时间不长不短。但这五年多的时间恰好是山东省黄河滩区由脱贫迁建转到乡村振兴的一个历史节点，这本书中的静态影像部分，系统性地记录下了这一段珍贵的历史性进程。全书立足菏泽市黄河滩区乡村振兴，以鄄城县黄河滩区为样本，兼顾了黄河入鲁第一县东明县的相关内容，精选鄄城县董口镇的黄河滩区村庄鱼骨村为主要拍摄对象，围绕黄河岸边村庄的民风民俗、百姓生产生活、新社区建设、推进乡村振兴等方面展开全面拍摄，内容之丰富翔实，是迄今为止系统性记录黄河滩区乡村振兴的难得的一本好读物，不仅具有很强的史料价值和文献价值，且因这些影像所承载的历史已经成为过往，内容具有不可复制性，其社会价值会随着时间流逝愈显珍贵。

本书不局限于图文结合，以每个篇章插入二维码的形式，窥一斑而知全貌。以山东省菏泽市黄河滩区小人物的命运变迁和生活梦想来讴歌新时代，生动刻画了基层建设者带领黄河滩区群众在脱贫迁建、乡村振兴致富路上的感人故事和动人场景，以此记录在党和政府领导下的脱贫攻坚精神和乡村振兴的伟大征程，真正为读者呈现山东省特别是菏泽市黄河滩区乡村振兴的影像史志。

　　是为序。

侯贺良

2022 年 10 月

2021 年秋季，菏泽降水量创下 1954 年有记录以来全市最高纪录。图为持续暴雨过后，靠近黄河的滩田已被河水淹没

2021 年 10 月摄

缘起

　　我曾经是职业编导、记者，对现实的观察及一线创作有着天然的亲切感和使命感。

　　《河水洋洋》系列作品的创作计划由来已久且一直在持续中，目前推出的是阶段性成果。过去五年，我带着一波学生低头赶路，全力以赴，往返黄河滩区数十次，不计得失，不问成败。此刻，那些走过的路，那些相逢的人，那些流过的汗水和泪水，那些温暖的记忆，那些刻骨铭心的故事，伴随更多难以言表的感动，在我的脑海中一一浮现。

　　2017年暑假，我开始带学生对山东沿黄区县做系统调研和影像记录。

　　2018年7月，我随学校考察团到菏泽市就黄河滩区改造的艺术创作问题进行了为期两天的考察。在鄄城县董口镇正在建设中的黄河社区，一大片遍布钢筋混凝土的广袤工地深深震撼了我。当时整个工地刚刚扎起了一层楼的高度。工作人员说，按照进度，每七天左右就会盖起一层楼来。我突然意识到，不能再拖了，就从黄河社区正式入手吧，从这一片林立着钢筋混凝土的"工地森林"开始入手。

　　看，那些陷在嘈嘈杂杂"工地森林"里的男人女人，每人都头戴安全盔，脖子上搭着各色毛巾，他们时不时地撩起毛巾擦汗，动作粗放迅捷，手中的活却未曾停歇过。偶尔抬起头，每个人脸色都黑亮亮的，仿佛挂着一股从泥土里生发出来的原始力量，朴素中洋溢着大写的希望。

　　他们，大都来自周边的村庄。

　　炎炎烈日炙烤着工地上人们黑黝黝的面庞和躯体，炙烤着这片滚烫的大地。空气中弥漫着黄土的气息，到处都热气腾腾。

　　这是我们共生共存的同一片厚土，轰轰烈烈进行中的，是一场志在改变黄河滩区群众命运的世纪"大迁建"。

　　沿此地西行不足千米，是浩浩荡荡的黄河在奔涌前行。远道而来的大河之水，日夜不歇冲刷着两岸的土地，也润泽着世世代代的黄河子民。生活在两岸滩区的人们，生命中大多数时光要耗费在反复垫台、反复建房的苦难循环中。与大河比邻而居，滩区群众对黄河的感情总是爱恨交加。黄河滋养着他们，他们也承受着洪水所带来的灾与难。水患造成的漂泊与动荡仿佛是他们难以逃离的命运。

　　但，即使生之艰难，他们也能坦然接受一切；即使偶尔被冲垮，他们也能跌跌撞撞又站起来。就像这浩浩荡荡的黄河之水，只管一路往前，从不回头，也永不停歇。

　　这其实是我们每个人甚至是我们整个中华民族的精神写照，值得用艺术万般歌颂。

　　这是一片滩区迁建的现实图景，目之所及的每一位都是这场脱贫攻坚战的参与者。

菏泽市鄄城县黄河社区建筑工地的女工
2018 年 7 月摄

这是大时代的一个缩影，也是影视创作的深厚土壤。

如果没有影像的记忆，历史将稍纵即逝。

用影像记史，是我们的使命。

到人民中去

对我来说，每一次艺术创作的过程都是一场全新的攻坚克难的过程。每一次创作都是那么不容易，都要下大力气，啃硬骨头。

艺术作品总会带有时代的烙印。或者说，任何有价值有意义的艺术作品总会观照现实、反映现实，回应现实关切。我们现在倡导艺术创作的温暖现实主义，归根结底就是以马克思主义艺术观、文艺观来把握时代脉搏，这早已经成为当下艺术家们集体性的创作倾向和艺术选择。艺术作品的最高追求就是对真善美的追求。艺术家必须先俯下身、沉下心，要先到人民中去，去发现人民的关切、触摸人民的悲欢。

坚持以人民为中心的创作导向，坚持为人民立传、为时代放歌，首先要对人民怀有深切的爱和悲悯的情怀，要对现实怀有敏锐的感知和准确的表达。

菏泽市鄄城县黄河滩区邓庄村村民
2018 年 8 月摄

《河水洋洋》系列作品要用现实主义手法和浪漫主义情怀来诠释黄河滩区迁建和乡村振兴中的感人故事，力求让作品有属于她的时代气息，并能彰显中国精神。要让大时代与小人物相呼应，以小人物的命运变迁和生活梦想来讴歌大时代，并通过具体人物故事来记录和表现党和政府打赢脱贫攻坚战的伟大进程，这是创作的导向和宗旨。

事实上，当你真正沉潜到人民中去就会发现，有些所谓的主义和方法论，在人民面前终将会黯然失色。

人民，只有人民，才是创作中唯一取之不尽、用之不竭的源泉和宝藏。只有人民教会我们摆脱庸俗的、教条的创作思维；只有人民的筋骨、人民的道德和人民的温度，才能滋养我们艺术作品的道德、艺术作品的筋骨和艺术作品的温度；只有人民才能够拭去我们的躁气，帮助我们不断反观自己、纠正自己。我们要做的就是为人民发声，向人民学习，学习他们的坚守与坚持，学习他们的不气馁与不妥协，歌颂他们的爱和温暖，以及永远葆有的不朽的生命力。

菏泽市鄄城县黄河滩区鱼骨村村民
2018 年 7 月摄

　　人民，就是一个个具体生动的人，是那些留守黄河滩区的妇女、老人和孩子，是遍布大江南北外出务工的兄弟姐妹，是每一位基层建设者和每一位外来的选调生。他们每一位都直面现实却从不抱怨，即使悲观也从不绝望。他们心中永远都有一个美好的明天值得追赶和期待。他们身上永远都有一份温暖的基调，温暖自己，也温暖现实。

　　没有故事，故事就在人民中。

　　故事，就在行进的现实中。

　　第一版《河水洋洋》纪录片主要选取了这样一群人物：

　　几位生在黄河边、对黄河又恨又爱的外出打工者；

　　一位离家驻守黄河对岸 30 多年，只为 18 个留守孩子的乡村教师；

　　一群留守家园、傍水而居的妇孺老幼；

　　一位热爱文艺、热心助贫，带领村民年年办"春晚"的村主任；

　　几个乡镇干部，其中一位是担心自己随时会倒下的镇党委书记，曾获全国扶贫攻坚先进人物，曾因两次大病差点丢了性命；

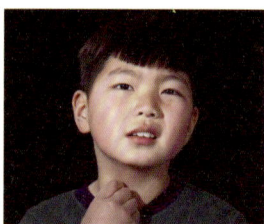

一群一年到头除了清明节不知休假是何物的基层建设者；

一位舍下周岁幼儿、服务滩区教育的年轻城市女子；

一群走路基本靠跑、满腔热血扎根滩区的选调生。

上述人物线索，构成了作品的基本故事链条。

第一版《河水洋洋》纪录片的结尾有这样一句解说词："这是一个可以成就梦想的年代，我们都在努力奔跑，我们都是追梦人！"这也是整个创作的立意所在。基于此，全片围绕"治黄逐梦、同心追梦、乔迁圆梦、蓝图绘梦"四个篇章展开故事。

治黄逐梦篇。主要跟踪拍摄了在外打工的高家父子和李家兄弟两组人物，跟踪拍摄他们春节期间从遥远的他乡回到故乡，跟父母妻儿短暂团聚后又要离家远行的故事。通过记录黄河滩区外出打工群众回归家庭的温暖，离别妻儿的不舍，讲述底层百姓的逐梦故事，讲述他们的乡情、亲情、友情、爱情以及滩区生活面临的"安居难、行路难、就医难、上学难"等实际问题。家有娘在，若故乡能实现梦想，何苦去远方。

同心追梦篇。主要围绕滩区建设者展开故事。随着山东省黄河滩区居民迁建工作的全面启动，鱼骨村划归为外迁安置村，这个在黄河岸边沉寂了600多年的古老村庄面临有史以来的最大变迁。完成滩区迁建任务，给滩区

群众一个稳稳的家，是打赢脱贫攻坚战的前提和关键。本篇以"滩区迁建决战誓师大会"为开端，通过"黄河大堤抢险抢地保丰收""遍访贫困户""深夜的困惑"等故事，展现了基层建设者群体的精神面貌和工作状态；同时穿插讲述了"选调生"这个充满生机和活力的年轻"追梦人"群体，记录了这支新生力量扎根基层、服务群众，为滩区迁建和乡村振兴默默奉献青春和热血的感人故事。

乔迁圆梦篇。在黄河对岸，那片距离镇政府几百米的钢筋混凝土的"工地森林"，已经变成了一片美丽的新社区。不久，这个新社区将迎接跨河而来的鱼骨村人，新的鱼骨村与其他搬迁来的滩区村庄拥有一个共同的名字——黄河社区。

"家在变好，娘在变老，远方的游子，返乡创业要趁早。"2020年初春，李宪鹏兄弟告别了在广东的打工生涯，融入归雁经济大潮，开始了他们的返乡创业之路。同时，打工青年高冠福喜迎第二胎，小夫妻为孩子起名为"高明"，并阐述"高明、高明"——"明天更美好"的吉祥寓意。这些故事情节性并不强，采取以细节化叙事代替强情节的方式，来表达滩区群众对美好生活的向往和追求。

蓝图绘梦篇。"当群众对美好生活向往不足时，我们就要给他描绘好。"对于滩区建设者来说，迁建既要搬得出，又要稳得住，更要保证滩区群众能

就业、可致富，带领他们真正过上美好生活。本篇通过菏泽市鄄城县董口镇邓庄村搬迁前夜的矛盾冲突和突发现场，围绕打赢决胜全面小康攻坚战，讲述了地方政府和基层建设者们在滩区迁建中面临的巨大挑战以及解决问题的智慧与勇气。

那些花儿

从 2018 年 8 月到 2019 年 5 月，包括国庆节、元旦、年除夕、元宵节、寒暑假、周末等几乎所有的节假日，我们都是在黄河滩区度过的。因此，我们跟黄河滩区的干部群众结下了深厚的友谊。我们走入他们的生活、工作乃至融入他们的一段生命历程，我们一起昼夜兼程，迎朝阳、送日落。

很多时候，我们就是他们。

"老师，我好想有机会再回黄河滩区看看。"

温温柔柔说这话的，是冯丽桦，2017 级研究生。此刻，她已经成为南京市雨花台烈士陵园管理局的一名在职人员。

冯丽桦是《河水洋洋》系列作品创作团队"五朵金花"中的老大，当时读研二。另四位是研一的孙一闻、杨柯璇、刘京京、陈小雨。

那年招进来的研究生都是女生。

2018 年那个炎热的夏天，当我自驾车辆带着我的"娘子军团"第一次到黄河滩区创作时，心里是忐忑的。

我是记者出身，脚力、脑力、眼力、笔力是我的基本功，再高强度的创作环境也不在话下。但她们几位都像花儿一般，看着她们白白嫩嫩、可可爱爱的样子，我有些心疼，更担心她们吃不消。

影视创作，拼的绝不仅仅是脑力，更是对体力、耐力和毅力的终极检验。但，对于影视创作方向的研究生，他们需要从校园课堂的技术技巧中摆脱出来，找机会下沉到生活中去，从生活这个大课堂中去观察生活、拓宽视界，从而提高分析问题、解决问题的能力。

到了鄄城，因为是周末，我给黄河滩区迁建指挥部的马华峰主任打电话。我说今天周日，明天早上再去指挥部商谈采访事宜吧！马主任说："我们没有周日啊！随时欢迎你们师生团队。"

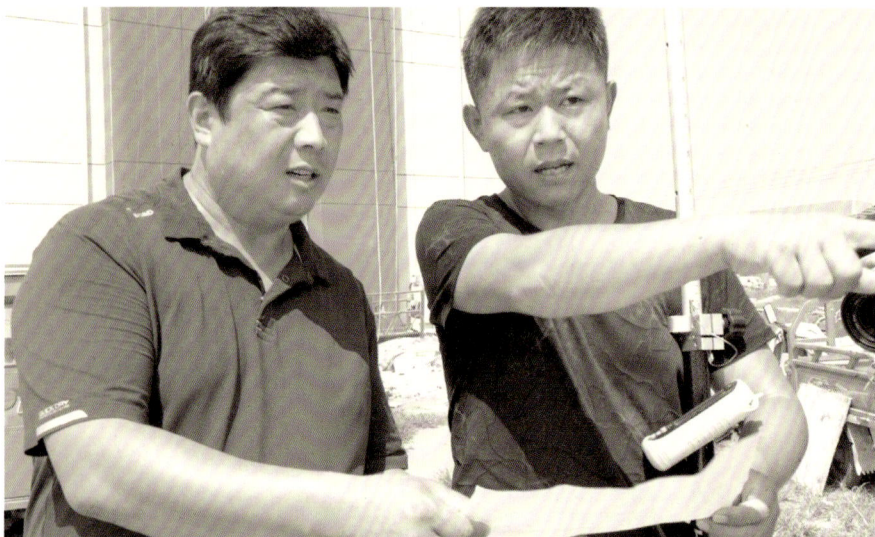

菏泽市鄄城县黄河滩区脱贫迁建指挥部
工作人员马华峰与同事在建筑工地现场
2018 年 9 月摄

　　放下电话，很快就看到风尘仆仆的马主任开着一辆小轿车急奔而来。此后的几年间，这位马主任的常态就像一阵风。每当我们遇到问题的时候，一个电话打给他，无论他在滩区的哪个角落，总能像阵风一样旋即到来。

　　滩区迁建指挥部设在远离县城的旧城镇。在指挥部工作期间，马主任跟众多抽调到滩区迁建指挥部工作的建设者们一样，每天从县城家里到指挥部上班，往返要跑 50 多公里。加上平时还要跑各个工地，忙活各种繁杂琐事，基本上他不是在滩区，就是在赶往滩区的路上。那两年，他那辆私家车每年要跑三万多公里。

　　落实采访计划时，我问早上几点集合，马主任扫了我们师生一眼，慢悠悠地说：“我们夏天每天都是早五点出发，五点半到指挥部，你们能行吗？”

　　那时正值“易地扶贫搬迁百日会战”，这些滩区建设者们每天早上要先到各个工地转一圈，查看工人上工情况，检查存在的问题，然后到指挥部吃早饭，开晨会。

　　我明白了马主任的眼神，一位女导师带着几位女学生，在这热火朝天的黄河滩区脱贫迁建战场上，战斗力确实令人担忧。我狠了狠心，说：“你们能行，我们就能行啊！”

　　第二天，我们赶到指挥部时比预定时间早了五分钟。此后几天，每天如此，总要比预定时间早五分钟赶到。我们在工地、村庄和田间地头有序组织拍摄，

跟大家一起在工地吃大锅饭，参加他们的晨会、夜间会和协调会。很快，从大家上上下下赞许的眼神中，我知道，我们已经融入了黄河滩区脱贫迁建的大潮中，融入这大时代的洪流中。我和我的"娘子军团"立住了。

在后来的采访过程中，不论清晨还是夜晚，在建设工地、在镇政府驻地、在滩区村庄、在黄河岸边、在群众搬家现场，总能看到基层建设者辛勤劳碌的身影。这些身影中，有扎根基层多年的乡镇干部，有来自大城市的选调生，有年轻的大学生村官。他们将个人命运融入了时代潮流，融入了脱贫攻坚的伟大历程。

第一次在左营乡采访，开车带路的是位年轻小伙子，瘦瘦高高的，年龄跟我团队的学生相仿。我和学生们在车上一会儿谈论电影和创作，一会儿说说笑笑活跃气氛，一路上热热闹闹。他一路安静地开车。

快过黄河浮桥时，小伙子开口了："老师，前面就是黄河。"

车在桥边停下，他一边帮着我们支三脚架，一边情不自禁地说："老师，看见您，我就想起我的老师来了。我好几天前就听说你们要来，我今天是特意申请给你们当司机的，我好怀念我的大学时光，可惜我的学生时代一去不复返了！"

停顿了一下，他又恳切地说："其实我对我的工作感觉还是比较神圣的，扎根基层，服务群众。虽然做的都是小事，但都是为老百姓服务的事。"

　　小伙子名叫李耀，省城一所大学毕业后考取了选调生。在黄河滩区的每一个乡镇，都有跟他一样的年轻人在奋斗。

　　乡村要振兴，首先就是人才振兴。但长期以来，留守滩区村庄的大都是妇孺老幼，令人禁不住担忧乡村振兴的生力军问题。从这些扎根基层无怨无悔的建设者身上，我仿佛看到了滩区乡村振兴的那股强大的后续动力。

　　那段时间，滩区建设者们在工作中你追我赶的奋斗精神和舍我其谁的牺牲精神深深感染着我们，也鼓舞着我们。

　　我们经常跟各片区书记、建设者代表、群众代表一起吃大锅饭，参加每天清晨的碰头会，然后跟着他们按照分工和工作重点，分头到工地，到村庄去开展工作。滩区建设者们对工作总是那么投入，对同志总是那么爱护，对滩区百姓又总是那么细致！感谢他们给我们提供了丰富的创作源泉，也感谢他们坚定了我们的创作信心。

　　我的学生们，他们经受住了酷暑严寒、蚊虫叮咬等各种考验。我很欣慰他们对创作环境迅速的适应能力和对专业精神的踏实追求，我为他们骄傲。他们仿佛是上天派到滩区的天使，是那段时间黄河滩区一道别样靓丽的风景。

菏泽市鄄城县董口镇通往鱼骨村的黄河浮桥，经过一段时间拆除后，人们在重新搭建
2018 年 7 月摄

我们在滩区也受到了来自当地干部群众的悉心关怀和热心帮助。我们的车撞了，当地干部群众伸出有力的大手，想方设法为我们排忧解难。我们为了拍摄方便想住在工地，他们第一时间买来被子褥子。他们担心我们在滩区的卫生问题，担心那里不能洗澡，担心我们不方便上卫生间，平时豪爽的大汉们瞬间都成了无比细致的人……

元宵节一大早，县滩区迁建指挥部总指挥长侯养学同志专门安排时间陪我们吃顿节日的饺子；

镇上的干部在徐竟哲闹胃病时给做了鸡蛋羹；

邓庄村的老奶奶要给孙一闻补她的破洞牛仔裤；

鱼骨村的大姐一定要让杨柯璇尝尝她锅里的热地瓜；

官寺村的石爷爷、石奶奶把刘京京和陈小雨当成了他们的亲孙女。

给我们更多感动的，总是这些平凡普通的芸芸众生和那些拼尽全力战斗在一线的建设者……

2018年国庆节期间，为了拍摄滩区的婚礼习俗，孙一闻小组曾悄悄联系上鱼骨村的一户农家，提前过去拍摄小村庄的婚礼前夜。因为恰逢当地黄河浮桥拆除，她不得不在农户家中住了一夜。那也是令我牵肠挂肚的一夜。

第二天，我们另一支拍摄队伍从县城搭乘婚车绕道河南省濮阳市，赶往黄河对岸的鱼骨村，与提前驻扎在村里的拍摄小组汇合。拍摄完已经是晚上七点多，没有了公共交通，甚至都打不到出租车。几经周折后，我们开着村干部借来的一部私家车，一行七人又绕道河南省濮阳市，经台辉高速、德上高速，连夜返回鄄城驻地。

由于正逢国庆假期第一天，沿途多处大拥堵。一百多公里的路程，我们走了5个多小时。像这种由于黄河浮桥拆除造成的交通困难和跨省作战，后来我们又经历过多次，切实感受到滩区群众乐业安居之难。

2019年农历除夕，我们在鱼骨村拍摄村民自发组织的"春晚"，与村民们开开心心过除夕。农历正月初五，我们又冒着风雪赶到滩区，拍摄鱼骨村村民的葬礼。在村子的大街小巷，我们就着风寒，跟全村四百多口人一起吃流水席。

……

此刻，回首在黄河滩区创作的日日夜夜，我想到惠特曼在《啊，船长！

2018 年 9 月 28 日，菏泽市鄄城县旧城镇黄河岸边，由于浮桥拆除，等待临时性轮渡过河的学生
2018 年 9 月摄

我的船长！》中的话："我们的船安渡过惊涛骇浪……我们的船威严且勇敢。"

对我们师生来说，什么是成长？成长就是重新面对自我，面对自我的局限性并不断突破自己；是我们为了拍到一个镜头，连续几天在凌晨起床时的期待；是学生们认真梳理每一天的拍摄素材并安全入库时，在每一个夜晚的坚守；更是他们切实成长并取得一点点进步后挂在脸上的笑容、从容、泪花和自豪。

扎根人民，反映现实，对我和学生们来说，应该就是我们在滩区走街串巷拍到的真实的百姓生活和情感；是镜头中年迈的老母亲目送儿女离家远行时那关切而不舍的眼神；是深入一线拍摄到的滩区建设者那种舍我其谁的干劲和拼劲；是我们师生到人民中去，用脑力、眼力、脚力和镜头，从人民生活中寻找到的创作素材和创新灵感。

滩区人

鱼骨村是位于鲁豫交界处的滩区小村庄，西接河南省濮阳市，东邻黄河，与所属的鄄城县董口镇政府隔河相望。

多年来，鱼骨村人或父子或兄弟或邻居，彼此搭伴常年在外打工。留守在家里的被戏称为"三八六一九九"部队。"三八"代表留守妇女，"六一"代表少年儿童，"九九"代表年迈老人。

春节，是滩区人在一年当中与父母妻儿团聚的短暂日子。

初次见到高家父子是在 2019 年春节。这是一个典型的滩区家庭。年轻的高冠福和父亲高志水一年到头奔波在全国各地的建筑工地上，留守在家里的是"老中青少"四代女人：80 多岁的老奶奶，50 岁出头的母亲，20 多岁的妻子和 3 岁的女儿。

在工地上，父子二人都是技术工人，父亲做的是木工，高冠福是电焊工。刚开始从事这个工种的时候经验不足，高冠福受过轻伤，导致一只手有点变形。年轻的妻子经常抚摸着他这只手，直掉泪。

小高第一次出现在我镜头中时，我还没开口说话，他就开门见山："本人姓高，高冠福，山东省鄄城县鱼骨村，村民。"然后他咧嘴一笑，露出一对小虎牙。"我是一名电焊工，在建筑行业干活，工资还可以。本人已经结婚，

一个女儿，家庭挺幸福的，过了年第二胎又快出生了。我老板工地挺多，带我们在北京、张家口、青岛，主要是这几个城市干活。出门在外，也是想家，谁都想自己的女儿。没办法，我们滩区太穷，没有挣钱的门道，只有外出打工。"他继续说。

"在外打工很苦很累，工地上每天中午的饭都是凉的，每次我吃饭就想家，想家的温暖。我跟我父亲在一个工地，住一个宿舍。每天早上不想早起床，都是我父亲给我买早饭。他是大人嘛，还是老把我当小孩。"

一口气说完这些，高冠福低下头，搓着手，咧嘴又笑了。

当小高父子结伴外出打工时，他 80 多岁的老奶奶在家坚持每天"撕头发"。菏泽鄄城有"中国发都"的美誉，拥有全国最大的人发市场。"撕头发"属于人发产业的初级环节，工序简单容易上手，可单人在家操作。小高奶奶一个人住着老宅，家里空间大，附近几个年龄相仿的老人经常聚在她家一起"撕头发"。一般每人每天收入在 10 到 20 块钱左右，"撕头发"一度成为留守老人贴补家用的首选。

80 多岁的老人，本来早就可以安享晚年，但是"活到老干到老"早已成为她们融在骨子里的生存法则。只要有一口气，只要还能行动，就要干活，就不能停歇。

这些勤劳的老妈妈们一边双手托举把儿女送出滩区到外面打拼，为社会为城市建设作贡献；一边固守家园，协助儿女肩扛背驮，共同托举起一家人的日子。

鱼骨村有个鱼骨寺，据说比村子的历史还要久远。逢年过节或者村里有大事小情，村民们都会到这里上香祈福。

每年农历元宵节前后，是村里壮年劳力集中离家外出打工的日子。2019 年元宵节下午，高冠福 80 多岁的老奶奶在送走高冠福和他父亲后，步履蹒跚，一个人来到鱼骨寺，点上一炷香，念念有词做祈祷。

我们在拍摄途中恰巧遇到这一幕，于是快速支起两个机位，一远一近两个景别，默默记录下了整个过程。

老奶奶祈祷完后，颤巍巍，一步步慢慢往村子里踱去。村庄的炊烟在袅袅升起，这浓浓的人间烟火气息，是黄河岸边底层百姓顽强活着的生命本色。

村前的黄河奔流不息，滋养了滩区群众坚韧包容的品性。他们或固守家园，或从滩区走向更广阔的世界，在各行各业默默耕耘着，在隐忍中无私奉献着。

在我们生活的城市，在公交车上，在建筑工地，在商场和社区，那些怯生生的务工人员，那些门卫和保安，快递员和清洁工，销售代表和小商贩，这些以此安身立命的人们，或许就有滩区留守女人们的丈夫、儿女或兄弟姐妹。他们从滩区走向大江南北，他们出大力，走正道，为社会为城市建设默默作贡献。他们背后有生计的劳苦，也有生命的尊严。此刻，我代表自己，也代表他们，为他们造像，为他们发声，为他们留下这段即将远去的滩区生活。

菏泽市鄄城县旧城镇滩区村庄旧貌
2019 年 2 月摄

黄河滩区的脱贫攻坚，
是浩浩荡荡的黄河母亲，
在奔流入海前，
留给我们的一道考题。

扫码可观看视频

《鱼骨村·前传》

治黄逐梦篇

黄河滩区老大难

菏泽市鄄城县董口镇鱼骨村黄河段浮桥
2020 年 3 月摄

鄄城县董口镇鱼骨村附近的黄河滩涂
2020 年 5 月摄

1855年，浩浩荡荡的黄河水突然在河南省兰考境内决口改道，调头奔流至山东入海。

1950年至今，山东省黄河滩区遭受较大洪水20余次，累计受灾人口660多万人。

"安居难、行路难、就医难、娶亲难、上学难"等滩区"八难"和"三年攒钱、三年筑台、三年盖房、三年还账"的生活困境，挡住了滩区群众的小康之路。

根据党中央、国务院的决策部署，到2020年，山东省要解决64万滩区群众的防洪安全和安居问题。作为山东省脱贫攻坚的主战场，在菏泽，一场轰轰烈烈的黄河滩区大迁建就此展开……

菏泽市鄄城县董口镇黄河岸边废弃的船只
2020 年 5 月摄

家在滩区

黄河滩区主要是指黄河主河槽与防汛大堤之间的区域，或者说，是指黄河大堤与河槽之间的区域。滩区是黄河行洪、滞洪、沉沙的重要地带。

黄河山东段长 628 公里，在河槽和防汛大堤之间形成了约 1700 平方公里的滩区，64 万群众居住其间。他们在滩区生产生活，傍水而居，繁衍生息。

黄河水灾最严重的地区往往发生在下游，主要表现为频繁的决口泛滥和河水改道给沿岸群众带来的巨大灾难。黄河下游沿岸平原密集，遍布的城市多、人口多。以山东省为例，从黄河入鲁第一

菏泽市鄄城县旧城镇毛洼村民房被黄河水浸泡的痕迹清晰可见
2019 年 2 月摄

市的菏泽，到济宁、泰安、聊城、济南、德州、淄博、滨州，再到入海口的东营，沿线不仅遍布京广、京九等众多铁路干线，还有油田、煤矿等能源工业基地。一旦发生洪水灾害，对人民群众生命财产安全，对经济社会发展、生态环境建设都会带来巨大破坏。

　　菏泽是黄河入鲁第一站，滩区面积 504 平方公里，滩区人口 14.6 万人，约占山东省的 1/4；截至 2017 年，滩区贫困人口 2.6 万人，占全省的 3/5。菏泽市黄河滩区居民迁建工程，涉及菏泽市 3 个县区、8 个乡镇、182 个自然村，共计 14.6 万人。

　　黄河滩区居民迁建是解决滩区群众防洪安全，实现滩区群众"安居梦""致富梦"的重大民生工程。

　　鄄城县隶属于山东省菏泽市，位于山东省西南部，西北两面跨黄河与河南省毗邻，　因境内有

菏泽市鄄城县董口镇黄河滩区大片土地连同庄稼被黄河水吞噬
2018 年 10 月摄

鄄邑、鄄城而得名。鄄城县是国家级生态示范县，全国粮食生产基地县，全国平原绿化先进县，全国鲁西黄牛和中国斗鸡保种基地，古代军事家、一代兵师孙膑的故里。鄄城县是山东省首批 20 个省管县之一，是被国家民政部命名的"千年古县"。

鄄城县滩区村庄迁建主要采取易地扶贫搬迁、外迁安置和就地就近筑村台三种方式。其中易地扶贫搬迁是我国开发式扶贫的重要内容，是对传统的救济式扶贫的改革和调整，是脱贫攻坚的重大举措，也是一项重要的政治任务。通过对生存环境恶劣地区的农村贫困人口实施易地搬迁安置，从根本上改善搬迁群众的生产生活环境，提供现代化的基本公共服务设施，有利于优化人口与村镇布局，促进生态环境恢复治理和可持续发展，调整改善产业结构，带领群众加快脱贫致富步伐。对加快区域协调发展、全面建成小康社会具有十分重要的意义。

菏泽市鄄城县董口镇鱼骨村村民
2018 年 8 月摄

菏泽市鄄城县董口镇鱼骨村的孩子们
2019 年 2 月摄

  鄄城县黄河滩区村庄在迁建之前，全部为省定重点扶贫开发村。建档立卡贫困户 3580 户，贫困人口 9614 人。滩区耕地面积 16.63 万亩，农业种植以小麦、玉米、大豆、地瓜、花生为主，经济类作物有杨树、水果、蔬菜等，滩区人民群众经济生活来源主要靠滩区农业收入和外出务工收入。

  根据相关水文记录，新中国成立以来，菏泽市黄河滩区遭遇大小洪水 40 余次。因为洪水冲击，滩区房子不断重复着"淹没—倒塌—重建—淹没"的轮回，当地群众无奈地说，这就是"四三宿命"："三年攒钱、三年垫台、三年盖房、三年还账。"

  与大河比邻而居，滩区人对黄河的感情总是爱恨交加。黄河滋养着他们，他们也承受着洪水所带来的灾与难。2018 年秋收时节，鄄城县董口镇黄河滩区大片土地被黄河水吞噬，为减少损失，镇政府协助村民采用临时性措施抢地保庄稼。

图1

图2

图6

图3

图4

苏金超（鄄城县河务局抢险专家）：

在黄河两岸大堤之间，黄河的任意摆动是自然现象。今年由于黄河上游丰水期，水量特别大，黄河浮桥的问题是黄河水达到3000立方米/秒流量以后，为了让黄河水流畅通，为了让黄河水顺利通过这一段，必须拆除浮桥。这样对群众生产生活肯定有较大影响。

张家齐（鄄城县董口镇张桥行政村党支部书记）：

我们生活在黄河滩区，每年的雨季，不光是水土流失问题，还影响到我们群众生命安全和财产安全。

这次上水已经有段时间了，很多土地庄稼都被河水"吃"掉了，我们村里面自发地组织起来，找一些年龄比较大的、防水经验比较丰富的老人，带领一部分群众，采集树枝，编织袋，填到河边，尽量让黄河水不破坏土地，能少破坏一点是一点。

我们已经干了五六天了，效果不太明显。今年水量太大了，汛期时间长，我们尽全力保护群众财产安全。

图5

图1—6　菏泽市鄄城县董口镇黄河岸边，滩区群众采用传统"下柳"的方法抢保即将被黄河水吞噬掉的土地。人们在与洪水长期共存的高风险中，形成了与洪水抗争的独特生产生活方式
2018年10月摄

菏泽市鄄城县旧城镇毛洼村旧址
2019 年 2 月摄

菏泽市鄄城县旧城镇毛洼村民房被黄河水浸泡的痕迹清晰可见
2019 年 2 月摄

滩区群众在与洪水长期并存的高风险中，形成了与洪水抗争的独特的生产生活方式。滩区，长期以来一直是贫穷的代名词。

安居难

由于洪灾频发，居住在滩区的家家户户要把房台高高地垫起来，才能阻挡洪水的侵袭。每户人家都要生活在垫高的房台上，看上去就像一座座小型的"孤岛"。平时邻居之间串个门都要爬上爬下。看似简单地出村进城，对于大部分黄河滩区村民来说，更是无比奢侈的事情。洪灾来临时，不仅会造成房屋倒塌、家园损毁，老百姓多年积蓄和努力也会毁于一旦。历史上洪灾严重的时候，甚至发生过整个村庄一起被卷入河底的惨剧。

菏泽市鄄城县旧城镇黄河滩区居民旧居（1）
2019年2月摄

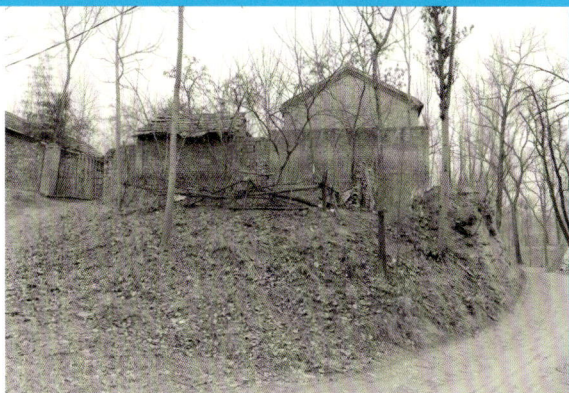
菏泽市鄄城县旧城镇黄河滩区居民旧居（2）
2019年2月摄

冯再国 / 董口镇鱼骨村村民

李瑞杏 / 左营乡（2020年改为左营镇）郭集村村民

石贤君 / 左营乡（2020年改为左营镇）管寺村村民

张敬美 / 时任左营乡党委书记

冯再国：

1996年黄河发大水，当时我才18岁，当时就在鱼骨村村台上，大水基本上把庄稼全部淹没了，就只能看见地里有那个高粱就光剩个穗子头。为啥都害怕？担心一旦这个坝头管不住水了，这个村庄一下子就完了，甚至是两个小时的时间就能把这个村庄掉到河里头去了。当时咱镇里，咱鄄城县政府及时调来了黄河的那种大船，来接着村民，咱村里当时老干部都及时地组织村民登船，把人员输送到对岸大堤安全地带。

李瑞杏：

发大水的时候，我们这个村庄，我们沿村的街里都能走船。墙倒屋塌的。从前黄河没治理时，那是三年一淹两年一淹，看着种得很好的庄稼，一涨水，没了。

石贤君：

我搬家搬了4次了。发水的时候，这个大水都漫到大堤，这整个一片一眼看不见边的都是水。从我记事儿，我们这个村也是挪来挪去地建村。我的屋子都翻盖4次了，年年垫台子。没事儿的时候，农闲的时候，前几年不大出去打工，在家就是推土。从前用一个轱辘的车垫，到后来发展到用三轮车拉土垫，那时家家都有个地排车，拉土。发洪水时，满村庄都是水，街上都是两三米深的水。

张敬美：

我小的时候，放学回来之后去地里割草，回来以后喂羊喂猪，那时候环境非常美，但是黄河每次发水，我们就要垫房子，垫房台，可以说黄河滩区老百姓，挣的钱主要花费在盖房子上了。我们这个乡，黄河滩区有个老百姓说他盖了七回房子了。每次黄河水回潮之后，用独轮车，一个皮轮，一车土一车土地拉。黄河滩区老百姓很苦很累，每年地里只能收一次麦子，种点高粱或者玉米，还能有点收成。黄河边的沙地很难浇地，收入很低，原来黄河滩区老百姓穷，很多都找不到对象，生活条件也很艰苦。现在黄河滩区搬迁，搬到新房子之后就再也不用愁着盖房子了。

雨后的菏泽市鄄城县董口镇鱼骨村
2018 年 7 月摄

2019 年春节，菏泽市鄄城县董口镇鱼骨村街头小心翼翼行驶的车辆
2019 年 2 月摄

浮桥接通后，人们在黄河两岸自由往来。浮桥是鱼骨村与所属董口镇政府连接的唯一通道
2018 年 7 月摄

宋道玉 / 左营乡（2020 年改为左营镇）郭集村村民

邓化民 / 董口镇邓庄村村民

李宪鹏 / 董口镇鱼骨村村民

冯再国 / 董口镇鱼骨村村民

李玉如 / 时任董口镇党委书记

行路难

宋道玉：

我今年 73 岁了，我小名叫来河，就是黄河大水来的那年我出生的。

那是 1946 年黄河来大水，我老家是在黄河北边，我姥娘家是在黄河这边村的。我出生那年，我姥娘家亲戚从黄河这边到黄河北边，上我老家村里吃喜饭去，因为我出生家里要吃喜饭祝贺。结果去的时候过黄河，黄河水很小，吃完喜饭回来的时候黄河上了大水，所以就给我起名叫来河。

菏泽市鄄城县董口镇鱼骨村
2019 年 2 月摄

邓化民：

　　从我小时候有记忆以来，这个村经常发洪水，经常十年九不收，十年得淹九回，一上水，老百姓就没啥收入了，猪羊也被弄跑了。平时村里车进不来，也出不去，特别是阴天下雨的时候，路坑坑洼洼，全是泥坑路。

李宪鹏：

　　特别是一下雨，那三轮车、农用车，在村里过

路一定会卡壳陷住的，你要么找一个其他的农用车过来拿个绳子去拉，要么就找十多个人来推。那个时候的感觉就是，早上叫醒我的要么是鸟叫声，要么就是这些农用车在那里过的声音。

冯再国：

　　平常从鱼骨村到董口镇也就十分钟。浮桥拆的

雨后的菏泽市鄄城县董口镇邓庄村
2018 年 7 月摄

时候，从鱼骨村到董口镇得经过 2 个省、3 个县、6 个镇。我们得先到河南濮阳，再到范县，从范县上高速，路途 110 公里，光高速费就 30 多块钱，跑这一趟大概 2 个小时吧。

李玉如：

我到滩区的邓庄村去走访，被村子的村容村貌和交通条件刺激了我，房屋都建在很高的村台上面，外面人去村里，要爬坡，我看到有村民骑自行车爬坡有的上不去都倒回来，很危险。群众拉庄稼，甚至外面到村里做买卖的人走路都非常困难。这个庄里 500 多口人，当时有 19 个适龄青年找不到对象，是单身汉。这大大刺激了我，为什么找不到对象，就是因为滩区是贫穷的代名词，生产生活交通不方便，贫穷落后！

菏泽市鄄城县董口镇邓庄村村民
2018 年 7 月摄

菏泽市鄄城县董口镇鱼骨村村民
2019 年 2 月摄

就医难

冯再国 / 董口镇鱼骨村村民
冯德杰 / 董口镇鱼骨村村民
李宪鹏 / 董口镇鱼骨村村民

冯再国：

黄河上水就得拆浮桥，拆了浮桥我们村就与镇上隔绝了。如果说晚上有病，得开车绕到东明大桥，那么远，得 100 多公里，才能去医院看病。

冯德杰：

我们到镇上看病很不方便，有时候浮桥拆了看病都得到河南濮阳，报销的比例就低了。

菏泽市鄄城县董口镇鱼骨村村民
2019 年 2 月摄

李宪鹏:

> 年轻人还好，老年人看个病是真费劲。因为隔
> 了这条黄河，你没办法，隔着山可以转山，但
> 是你隔着条黄河怎么转？你距离再近，一条大
> 河横在这里你没办法转过去啊。所以孩子上学
> 费劲，老人看病更费劲。

浮桥拆除、田地被淹、家园被毁的切肤之痛，伴随着黄河滩区人抹不掉的苦难记忆。搬出滩区、新建家园，成为一代又一代滩区人渴望而难以企及的梦想。

菏泽市鄄城县董口镇鱼骨村民居
2019 年 2 月摄

邓化民 / 董口镇邓庄村村民
李玉如 / 时任董口镇党委书记

娶亲难

邓化民:

　　这个村十年得淹九回，一上水，老百姓就没啥收入了，猪羊也被冲跑了。车进不来，出也出不去。关键是年轻小伙谈个对象麻烦，小伙长得不错，就是找不到媳妇。在外谈得不错，来到村里一看就皱眉。我有切身体会，小孩娶媳妇太难办了，把对象领回来看看这个村庄，人家来了趟走了就再也不来了。谁愿意来这样贫穷落后的村子生活啊！

李玉如:

　　滩区长期受洪水威胁，村上积贫积弱。除了贫困，更大的难题是很多适龄青年找不上对象，这让我当书记的很没面子，也很痛心。我一直很纠结，一个村庄适龄青年不能在适龄段找上对象，我觉得这是个严重的社会问题。听上去很荒凉，听上去很萧条，听上去就没有活力，听上去这个村庄就没有发展的动力！连媳妇都找不上，这真的是很大的社会问题，我们必须要想办法解决。

菏泽市鄄城县董口镇鱼骨村民居旧貌（1）

2018 年 10 月摄

菏泽市鄄城县董口镇鱼骨村民居旧貌（2）
2018 年 10 月摄

菏泽市鄄城县董口镇鱼骨村的冬季
2019 年 2 月摄

黄河浮桥上玩耍的鱼骨村的孩子们
2018 年 7 月摄

上学难

"我感觉黄河又长又细，

我猜它一定很长。

每天早上，

我最喜欢听那个小鸟的叫声。"

——鱼骨小学二年级学生　李传讯

菏泽市鄄城县董口镇邓庄村的孩子们
2018 年 8 月摄

黄河浮桥上玩耍的菏泽市鄄城县董口镇鱼骨村的孩子们
2018 年 7 月摄

张敬美 / 时任左营乡党委书记
李玉如 / 时任董口镇党委书记
李宪鹏 / 董口镇鱼骨村村民
冯再国 / 董口镇鱼骨村村民

张敬美：

滩区太穷，老百姓壮年的大都出去打工了，剩下老人在家看孩子，上学接送孩子。但是村里学校条件不行，孩子上学很难得到良好的教育。

李玉如：

滩区的问题都是相互影响的，安居难，交通不方便，黄河滩区的孩子就得不到很好的教育，也很难成材，令贫困和贫穷得到了代际传递。这跟当前我们的脱贫攻坚是格格不入的，也给我们在脱贫攻坚方面提出了很大的难题。改变黄河滩区村庄的贫穷，不单单是给他盖上房子，还有一个是在教育方面，在内生动力方面，都是我们需要考虑的一些因素。

菏泽市鄄城县董口镇鱼骨村的孩子们
2019 年 2 月摄

李宪鹏：

到河对岸上学，因为隔了这一条黄河，你就没办法。以前冬天的时候，我们在这里等船，女孩子有的冻得在那里哭。有时候我也学着大人的样子站到船的边上，拿着那个篙去帮他们撑船。现在很少用船在黄河里面去摆渡了，不安全。现在是浮桥拆了，我们接送孩子就要绕道河南省，经过几个县、很多个乡镇，非常不方便。

冯再国：

用我们这边的话说我们这个村庄就是在河西，黄河上水得拆除浮桥，拆了浮桥的话，晚上有病的开车得绕到东明大桥，那么远，绕到那边得百十公里啦。学生每个星期六放学，大人得过去接，很麻烦。就是买个菜，到政府去办点事盖个章，都得坐船过去，或者绕道从东明大桥，或者转到濮阳上高速路才能到咱镇上来，很不方便。

菏泽市鄄城县旧城镇黄河岸边，因浮桥拆除等待临时性轮渡过河的学生们
2018 年 9 月摄

菏泽市鄄城县旧城镇黄河岸边表演商羊舞的民间艺人
2018 年 10 月摄

大河文化

　　黄河流域是中华民族的重要发祥地，是几千年历史长河中中华民族主要的政治经济、社会文化和军事活动中心。这里诞生了璀璨绚丽的物质文明和精神文明，构成了中华文明的主要组成部分。唐宋时期的长安（今陕西西安）和东京汴梁（今河南开封）都是当时全球范围内首屈一指的国际性大都市，其形成的城市文明对世界文明的影响意义深远。

　　黄河以其博大深厚的文化内涵深刻影响着中国近现代革命事业，在实践中发展出了红色文化、爱国主义及生态文明等新的文化内涵。在近现代中国共产党领导人民进行革命斗争时期，黄河流域的陕甘宁边区一度是中国抵御外侵和解放战争的战略决策中心，在中国近现代发展历程中影响深远，

为黄河文化乃至中华文明赋予了新的时代内涵。

中华文明经久不息，是世界上唯一未曾中断的文明，黄河文化源远流长，彰显了其在中华文明中的主体地位和在世界历史上的巨大影响力，以及在历史长河中历久弥新的顽强生命力和巨大创造力。保护、传承和弘扬黄河文化，深入挖掘黄河文化所蕴含的时代价值，讲好"黄河故事"，延续历史文脉，有利于坚定中华民族的文化自信，为中华民族的伟大复兴提供精神动力。

黄河流域是农耕文化与游牧文化、中原文化与草原文化相互交流交锋、交汇交融之地，长期以来形成了自己独特的人文脉系。在我国地理版图中，黄河犹如一条巨龙横贯东西，蜿蜒于中华大地，形成了沿河而居的空间形态，并伴随着向河两岸辐射居住的现象。在漫长的历史长河中，黄河沿岸积淀下了古人留下的丰富的文明遗迹，让后世的我们得以了解和瞻仰往昔的风土人情。

随着黄河流域生态保护和高质量发展成为国家发展的重大战略，沿黄九省区都在积极谋划生态黄河的发展路径和沿黄省区协同发展的新思路。而地处黄河下游的山东，也以"地处黄河下游，力争工作上游"的儒家风范，承担起保护和传承黄河文化的历史使命，着手建设黄河流域生态保护和高质量发展格局，在齐鲁大地奏响新时代的"黄河大合唱"。

黄河在山东菏泽的东明县入鲁，在东营的垦利区奔流入海。黄河不仅带来了泥沙，还将上游、中游的智慧文明与文化气度沉淀在了山东，山东也因此成为黄河文化的集大成者。

在黄河山东段沿河两岸，保存着大量的历史文化遗址和非物质文化遗产，充分体现着黄河文化深厚的底蕴。历史上的菏泽曾经是曹国领地，故名曹州。相传尧、舜、禹曾在这一区域留下了大量活动的遗迹。东汉末年，曹操曾屯兵于鄄城，并以鄄城为根据地，形成了统一北方的大业。此外，军事家孙膑、思想家庄子也都诞生在菏泽。在近现代，著名学者傅斯年、国画大师李苦禅、抗日英雄马本斋等都与菏泽有着深厚的渊源。

黄河文化的形成不是孤立的，其容纳和吸收了中原农耕文化与草原游牧文化、民族文化和宗教文化的精髓，形成了多元统一的文化体系，是中华民族共同体意识的重要源头和象征。

图1

商羊舞

商羊舞，是菏泽市鄄城县的传统民间舞蹈。2008 年 6 月，商羊舞被列入第二批国家级非物质文化遗产名录。

据考证，商羊舞起源于商周时期，最早活跃在鄄城县境内的李进士堂镇、旧城镇一带。商羊舞是黄河滩区百姓求雨祈福的一种方式，每到天旱缺雨的年头，人们就聚集在寺庙前跳商羊舞，祈求降雨。除天旱时用以求雨外，一般在每年的农历三月初三，民间也会有商羊舞表演。

图2

图1-2　菏泽市鄄城县旧城镇黄河岸边表演商羊舞的民间艺人
2018年10月摄

陈玉英（国家级非物质文化遗产"商羊舞"传承人）：

　　我叫陈玉英，今年78岁了。这个舞蹈是老人传下来的，我七八岁的时候就跟前辈老人学练这个舞蹈了。原先是为了求雨。原先旱啊，为了求雨，老人都领着俺们小孩去跳这个舞蹈。现在不用跳这个舞求雨了，都是有娶媳妇的、有嫁闺女的，就请我们再跳跳这个舞蹈。

黄河硪号

　　黄河硪号是黄河号子的一种，全称"鲁西南黄河夯硪号子"，2011年被列入菏泽市第三批市级非物质文化遗产名录。

　　黄河硪号是黄河岸边群众在特定的劳动环境中形成的一种劳动号子。这是劳动人民为抵御黄河水侵害，在修筑堤坝或建造房屋打地基的过程中，为了统一劳动节奏、协调劳动动作、调节劳动情绪，也为了缓解疲劳、提高士气而即兴喊唱的一种民歌形式。它节拍规整，音域适中，对比鲜明，声腔铿锵，具有浓厚的乡土气息和黄河流域独特的风俗民情，是黄河文化的重要组成部分。

　　黄河硪号反映了历代劳动人民的治黄风貌，它整齐协调，团结一致，体现了自古以来沿黄劳动人民在险恶的自然环境下不屈不挠的抗争精神和粗犷豪迈又不失幽默的性格特征，是劳动人民改造自然、治理黄河的精神之花、艺术之花。

　　据了解，目前菏泽市会唱黄河硪号的人大都是70岁以上的老人，且人数越来越少，黄河硪号面临失传的危机。

菏泽市鄄城县旧城镇黄河岸边，正在表演黄河硪号的民间艺人
2018 年 10 月摄

彭济献（时任李进士堂镇田楼村党支部书记）：

  我们这个村的黄河号子历史悠久，过去劳动人民在这个田间地头，在黄河岸边劳动，经常就拉起来喊这个号子，也喊戏曲，一段一段的戏，比如梁山一百零八将啦、梁山伯祝英台啦、过去的四大名著啦，这里边的戏都喊。我们黄河岸边还有船工号子，需要有一个总指挥船工，喊着口号领着大家一起使劲，就是靠这个团结的力量来完成有难度的劳动。

2019 年元宵节，菏泽市鄄城县董口镇鱼骨村村民自发组织的莲花落表演
2019 年 2 月摄

山东落子

山东落子也称"莲花落""莲花乐"，至今已有 900 多年历史。表演者多为一人，自说自唱，是说唱兼具的汉族曲艺艺术。2008 年 6 月，山东落子被列入第二批国家级非物质文化遗产名录。

山东落子曲调平实质朴，风格粗犷豪放，带有浓郁的乡土气息和地方色彩，体现了鲁西南人民直率强悍的性格特点和精神气质。说唱时常以铜镲和竹板伴奏，唱腔较为随意。其音乐调式采用七声雅乐徵调式音阶，明快爽朗，慢板抒情委婉，快板铿锵有力。唱词大致押韵，基本为七字或十字句，上下两句反复吟唱。

山东落子表演形式简单，语言通俗易懂，富有口语化和地域特色。在民俗学、社会学、艺术学等方面的研究中具有一定的参考价值。

菏泽市鄄城县李进士堂镇枣梆剧团演出现场
2018 年 9 月摄

枣梆

　　枣梆是山东省传统地方戏曲剧种，主要在菏泽及周边地区流行。枣梆剧是山西上党梆子流入菏泽后，受当地语言影响逐渐发展形成的古老剧种。枣梆的唱腔音乐属于板腔体，曲调流畅，表现力强，有丰富的板式和曲牌，演唱起来既高亢激昂又委婉活泼，其表演具有粗犷豪放的特点。2008 年 6 月，枣梆被列入第二批国家级非物质文化遗产名录。

　　枣梆现存传统剧目有 80 多个，以历史题材为主，多表现扶正除恶、尊老爱幼之类的主题，具有较强的观赏性。作为典型的地方戏曲剧种，枣梆的音乐、表演和剧目自具特色，在中国戏曲文化中占有一席之地。同时它又是北方梆子系统的重要组成部分，可以为梆子的流变等研究提供重要的参证。作为稀有的古老剧种，枣梆还具有很高的学术价值。

鱼骨村的故事

　　鱼骨村是菏泽市鄄城县董口镇黄河滩区外迁安置村，位于黄河西岸的鲁豫交界地带，与东岸董口镇政府隔河相望，直线距离约2公里。

　　鱼骨村西接河南省濮阳市的西鱼骨村，东邻黄河，黄河浮桥是连接村庄与董口镇政府的唯一通道。如果黄河浮桥被拆除，鱼骨村村民到镇政府办事或者赶集通常需要绕道河南省多个市、县、乡、村，辗转100多公里才能到达董口镇政府。

　　2018年的鱼骨村共147户近800口人，距离黄河主河道仅560米。村庄面积2250亩，其中村

鱼骨村旧貌
2018 年 10 月摄

庄占地 380 亩，耕地 1900 亩。主要种植小麦、玉米、地瓜、花生等农作物。

据传，明朝洪武年间，黄河水泛滥，有一条大鱼死在黄河岸边的沙滩上。附近的人们用鱼骨头盖起了一座小庙，起名叫鱼骨寺。从此，鱼骨寺成了人们祈福祭祀的重要场所。不久，有杨、李、蒋、雷、冯、孙、张、高等姓氏的人们迁居此地并建村，村名就叫鱼骨寺村，后来简化为鱼骨村。鱼骨寺也成为村民们节假庆典的重要活动场所。

历史上很长一段时间，鱼骨村曾是集镇驻地，后来集镇迁至黄河东岸的董口镇政府驻地。

鱼骨村民居（春）
2019 年 3 月摄

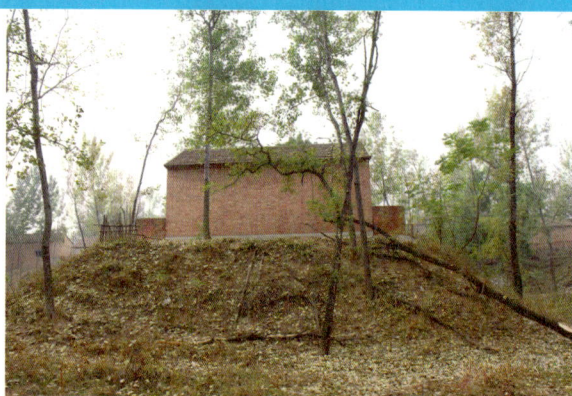

鱼骨村民居（夏）
2019 年 7 月摄

鱼骨村的孩子们
2019 年 2 月摄

鱼骨村民居（秋）

2018 年 11 月摄

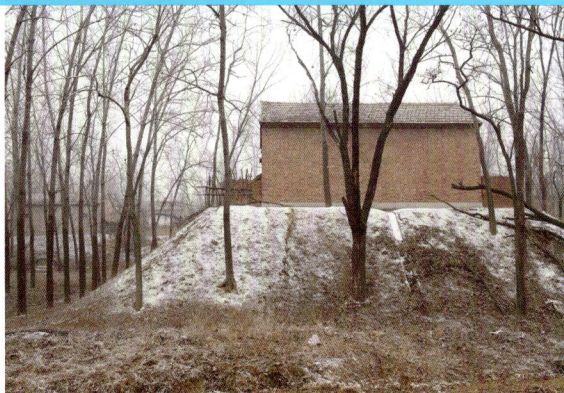

鱼骨村民居（冬）

2019 年 2 月摄

虽然滩区留守儿童多，但孩子们的暑假生活依然充满快乐
2019 年 2 月摄

李克勤 / 董口镇鱼骨村村民
李志才 / 董口镇鱼骨村村民
冯再国 / 董口镇鱼骨村村民
李宪鹏 / 董口镇鱼骨村村民

李克勤：

这个山东、河南以前都是一个鱼骨，是一个鱼骨村。黄河改道，一调河，搬过来早的，划分给河南了。这以后黄河又调过来了，就又搬过来，这边归山东，那边归河南。

李志才：

咱的亲戚都在河东，这边没亲戚，所以这小孩订婚不好订，小女孩都嫁出去了，小男孩就不好订婚。我们滩区里各个村小年轻娶不上媳妇的都不少。二十几岁都订不上婚，因为这个村很背。在这个黄河滩区里面，没人愿意上这里来。

冯再国：

黄河上水的时候，一旦这个坝头关不住水了，这个村庄一下子就完了，甚至是两个小时的时间就把这个村庄掉到河里头去了。掉大块，一大块一大块往下掉。

鱼骨村与所属的董口镇政府隔河相望，
黄河水流量大时，浮桥就要被拆除，村
子与镇上的唯一通道也随之被切断
2018 年 10 月摄

鱼胥村的孩子们
2019 年 2 月摄

鱼骨村农家小院（1）
2019 年 4 月摄

鱼骨村农家小院（2）
2019 年 4 月摄

鱼骨村村头
2019 年 3 月摄

李宪鹏：

　　我们这个村庄太偏僻了，就在这个黄河角落上。因为隔着黄河，我们边上都是河南的村庄。我小的时候河对岸咱们山东的村子都通了电，可以照明可以扇风扇了。我们隔壁河南这些村，他们也通了电，就是我们鱼骨村没有通，因为我们隔着黄河，咱这个山东的电扯不过来，这个河南的话，我们还没有去跟人家交涉，所以说我们就没电。后来就是政府去跟河南这边交涉，交涉以后从河南那边给我们扯过电来，然后我们村才用上了电。所以说我们这个村用电都比周围的村用电晚。除了春节的时候，村里基本上没有什么劳动力，要么是老年人，要么就是小孩子。

　　隔山能转山，隔河难涉水！搬出滩区、新建家园，曾经是一代代滩区人遥不可及的梦想。在浮桥被拆除的日子里，鱼骨村村民总会产生游子般的漂泊感。

这条路是进入鱼骨村的唯一通道。2019 年春节，在外打工的鱼骨村村民李宪鹏，自驾从广东深圳返乡过年
2019 年 2 月摄

鱼骨村在广东东莞打工的大李小李俩兄弟，千里迢迢返乡秋收
2018 年 10 月摄

雁南飞

家有娘在，

若故乡能实现梦想，

何苦去远方。

鱼骨村是典型的滩区小村庄。多年来，鱼骨村人或父子或兄弟或邻居，彼此搭伴常年在外打工。留守在家里的被戏称为"三八六一九九"部队："三八"代表留守妇女，"六一"代表儿童，"九九"

鱼骨村村民在自家院里留影
2018 年 8 月摄

代表老人。

　　春节，是滩区百姓一年当中与家人团聚的短暂日子。春节后，滩区村庄的青壮年们就要告别妻儿老小，奔赴全国各地，在建筑工地、工厂社区、酒店餐馆，开始他们的打工生涯。老人和孩子在顺从与无奈中留守着家园，傍水而居，繁衍生息。

　　高冠福家是一个典型的滩区家庭。年轻的高冠福和父亲高志水一年到头奔波在全国各地的建筑工地上，留守在家里的是"老中青少"四代女性：80 多岁的老奶奶，50 岁出头的母亲，20 多岁的妻子和 3 岁的女儿。

鱼骨村村民高冠福与家人在一起
2018 年 12 月摄

高志水 / 高冠福的父亲，董口镇鱼骨村村民

高冠福 / 董口镇鱼骨村村民

高冠福的母亲 / 董口镇鱼骨村村民

高冠福的妻子 / 董口镇鱼骨村村民

高志水：

　　没有一个外出打工不惦记家乡的，家里有孩子、有老婆，还有老母亲，没有不惦记的。

高冠福：

　　我爸是木工，我是电焊工。在张家口干活时我们在一个宿舍，他照顾我，我都不用照顾他，他是大人。每天早晨我不愿意早起，他就给我买早餐，天天这样。

高冠福的母亲：

　　最牵挂的就是他俩在外平平安安地干活，挣钱多少的平安就好。他们在外挂念家里的老人，有老人在家。

高冠福的妻子：

　　我就是希望他在外面干活小心点，不要磕着碰着，外面工地的活很危险。

图1

图2

图1-2　鱼骨村村民

2018 年 10 月摄

黄河滩区乡村振兴影像图志

图1

图2

图1-3　鱼骨村旧居
2018 年 12 月摄

图3

图1

图2

图1-2　菏泽市郓城县拥有全国最大的人发市场。"撕头发"属于人发产业的初级环节，
工序简单容易上手，可在家操作。"撕头发"一度是留守老人贴补家用的首选
2019年2月摄

鱼骨村黄河岸边废弃的船只
2019 年 11 月摄

鱼骨小学的孩子们
2018 年 9 月摄

鱼骨小学旧貌
2019 年 4 月摄

只有一名教师的村小学

"树林是小鸟的家，

小河是鱼儿的家，

泥土是种子的家，

我们是祖国的花朵，

祖国就是我们的家。"

鱼骨小学只有一、二年级两个班，条件极其艰苦。三年级以上的学生需要转到黄河对岸的董口镇中心小学，继续完成学业。

50 多岁的彭丁成老师是唯一常年固定在鱼骨小学的老教师，已经持续在村里教书 30 多年，陪伴了村里的两代人。

2019 年 11 月，随着鱼骨村被列入黄河滩区迁建计划，鱼骨村整体搬迁至黄河对岸的黄河社区，与镇政府相隔仅几百米。鱼骨小学也整体并入董口镇中心小学，办学条件得到极大改善。

鱼骨小学的彭丁成老师
2018 年 9 月摄

彭丁成（鱼骨小学教师）：

我们鱼骨小学共有8间房，包含6间教室、1间办公室和1间老师宿舍。一年级有8个学生，二年级12个，总共有20个学生。我是1990年到的鱼骨小学，当时院墙坍塌，大门都是半截，屋子更不用说，没有一间屋子是完好的，几乎都透风漏雨。

晚上我一个人躺在床上，就可以看到屋子上面皎洁的月光。这个学校周围都是垫高的台子，学校就好像一个低洼的盆地。下雨的时候校园会存水，墙缝往里进水，所以我睡觉的床得来回挪，得拿着锅去接水。

每次下雨，就是不眠之夜。

董口镇
鱼骨小学

鱼骨小学全部师生合影
2018 年 9 月摄

鱼骨小学的学生们
2018 年 9 月摄

55 岁的老教师彭丁成家在外地，已经在鱼骨小学坚持教书 30 多年
2018 年 9 月摄

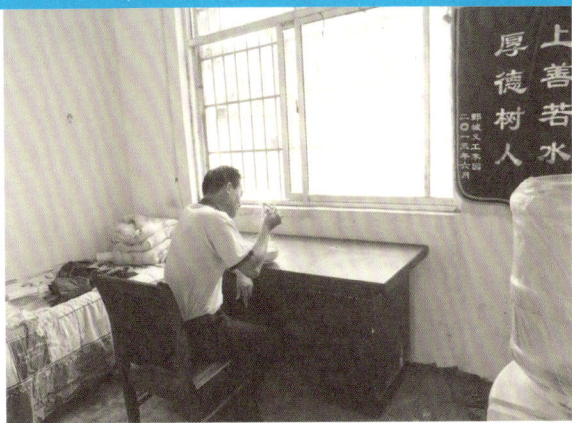
宿舍条件简陋，彭丁成老师把志愿者送来的锦旗挂在墙上醒目的位置
2018 年 9 月摄

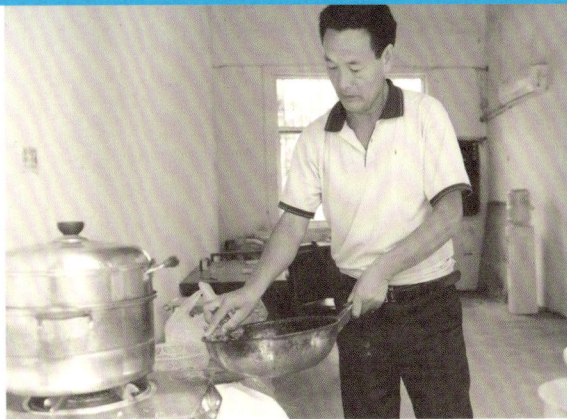
厨房和宿舍在一间屋子里，因为离家远，放学后的彭丁成老师要自己做饭，他最常做的是煮面条
2018 年 9 月摄

最美乡村教师

李玉如（时任董口镇党委书记）：

2013 年的秋季，该开学的时候，镇上的教委主任找到我，说现在老师调整出现困难了。他说鱼骨村是黄河对岸的村，有一个老师已经教了很多年了，以前没有浮桥的时候，就常年生活在村里。现在年龄也大了，想回来。

我想了想，如果这位老师回来很难派过去新老师，再加上那里学生也少，一个老师教两个班。我听了后也很为难，想不出好办法，叫谁过去？都不愿意去。我还问了问教导主任，我说彭老师责任心怎么样？他说很有责任心，责任心很强，教学质量也很好。到后来我也了解到这几年村里也出了几个大学生，最好的是考上上海交大。彭老师教学能力、教学水平还是有的，只是常年隔河相望的不方便，也有点够了，想回来。

我了解到彭老师教学水平高，教学能力高，师德也高，我就想，得把他留下来，物质待遇不能搞特殊，但是名誉上要有所考虑。正好 9 月 10 日教师节大会，我在会上给他表扬，说彭丁成老师是董口镇最美乡村教师。彭老师守得住孤独，守得住清贫，一支粉笔两袖清风，三尺讲台四季桃李，我也是有感而说的，对他进行了表扬。这不要紧，彭老师素质也高，就找到教委主任，说李书记都表扬我了，咱也不能再提离开了。

就这样彭丁成老师默默无闻地教到现在，还在鱼骨村里奉献着，奉献在三尺讲台上，把鱼骨村的孩子当成自己的孩子。

图1

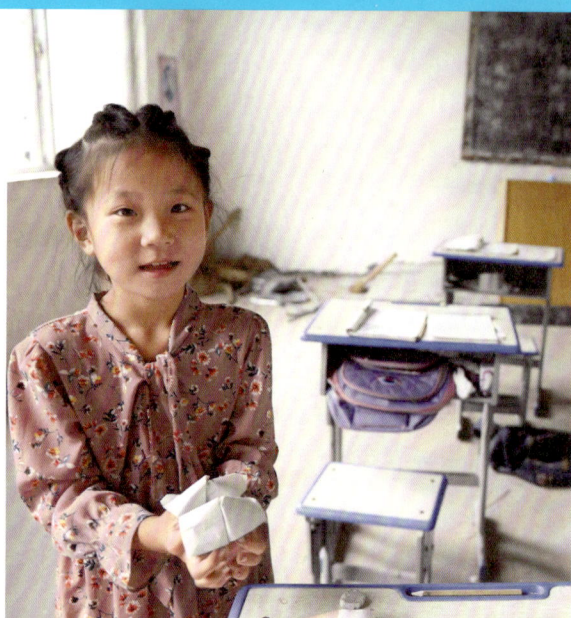

图2

图3

图1-4 鱼骨小学的孩子们
2018 年 9 月摄

图 4

2018 年国庆节，村民在鱼骨小学举行婚礼
2018 年 10 月摄

图1

村里的红白喜事

黄河滩区的婚礼仍然延承着老习俗和老规矩，这是守望黄河、守望乡村的黄河滩区人对延续根脉的希望和寄托。

村里的鱼骨寺，是村民祭祀和节假日的重要活动场所。每年春节，村民们都会到这里祈福祭拜。

搬迁前，村里的红白喜事大都按照旧习俗操办。

图2

图3

图4

图 5

图 6

图7

图8

图9

图10

图11

图1-11　2018年国庆节，鱼骨村村民的传统婚礼
2018年10月摄

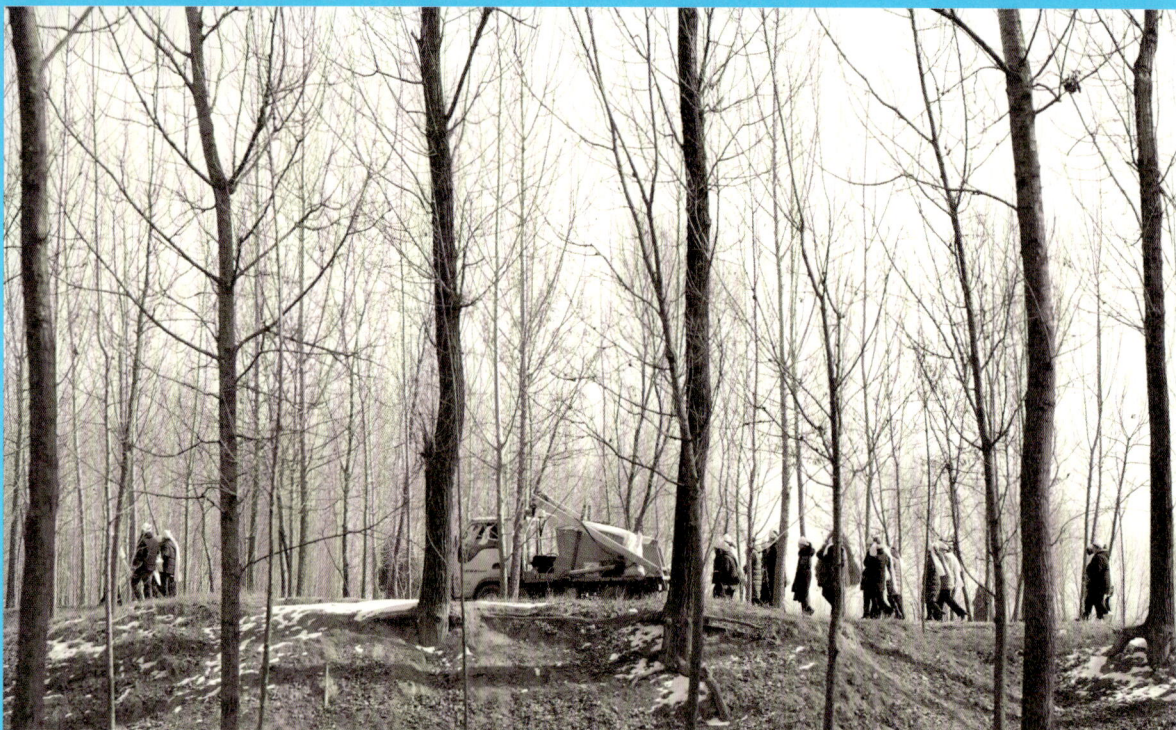

鱼骨村村民的葬礼
2019 年 2 月摄

葬礼后鱼骨村街头的流水席
2019 年 2 月摄

鱼骨村村头
2019 年 5 月摄

鱼骨寺是鱼骨村的重要祭祀场所，每年春节期间，鱼骨村人都会到此载歌载舞
2019 年 2 月摄

鱼骨村村民（1）
2019 年 3 月摄

鱼骨村村民自办"春晚"现场

2019 年 2 月摄

鱼骨村村民（2）

2019 年 3 月摄

鱼骨村村头
2019 年 2 月摄

扫码可观看视频

《家在母亲河畔》

同心追梦篇

保障黄河长治久安

正在构筑中的菏泽市鄄城县旧城镇六合村台
2018 年 10 月摄

菏泽市鄄城县旧城镇六合社区新貌。新建成的六合社区将容纳附近五个滩区村庄，共计 1808 户，6503 人。
2022 年 8 月摄

时代命题

    1950 年以来，黄河滩区经历水患灾害近 20 次，其中，1996 年、1998 年、2003 年发生了三次大的洪涝灾害，每次灾害几乎造成农作物颗粒无收，断绝了群众收入和生活的主要来源。黄河滩区群众在洪水威胁的高风险中求生存、谋发展，形成了与洪水共存共生的生产生活方式。受洪水威胁，滩区群众生产生活条件相当恶劣，经济发展受到制约，滩区安全设施建设和水利、交通、能源、教育、卫生等基础设施建设严重滞后。滩区房屋大多破旧不堪，村民自建房台破坏严重。同时，每次洪灾都会造成黄河滩区房台塌陷、房屋损毁，增加了群众的房屋修缮费用和生活负担，造成滩区群众资本积累少，发展能力和发展后劲严重不足。

黄河浮桥是鱼骨村与所属董口镇的唯一通道
2018 年 9 月摄

截至 2018 年，菏泽市黄河滩区群众还遭受着洪水和贫困的双重威胁，农业产能过低。由于河道内不允许发展工业及其他产业，国家和地方的扶贫政策难以落实，滩区人均收入远低于其他地区。相当一部分适龄男青年难以找到结婚对象，形成了社会的不稳定因素。

党的十九大报告中明确提出，到 2020 年，是全面建成小康社会决胜期。随着以人民为中心、全面建成小康社会、人与自然和谐相处等治理理念的深入推进，滩区群众迫切希望免于洪水威胁，改善居住环境，提高生活水平，真正实现脱贫致富、乐业安居。

黄河下游河道

根据相关研究报告，现行的黄河下游河道由主河槽、滩区和堤防三部分组成，黄河滩区作为黄河行洪、滞洪、沉沙的重要区域，是黄河防洪的重要组成部分。由于行洪河道不断有泥沙淤积抬高，

黄河下游河道会出现摇摆迁徙，主河槽和滩区的过洪能力也会相应发生变化。

通常，黄河汛期按照一年四季可划分为"四汛"：桃汛、伏汛、秋汛、凌汛。

桃汛，又称"桃花汛"，是指在桃花盛开时发生的汛情，一般发生在 3 月。

伏汛主要发生在 7 月、8 月。

秋汛主要发生在 8 月下旬至 10 月上旬，由于伏汛和秋汛汛期相连，也被称为"伏秋大汛"，是黄河的主汛期。

凌汛发生在冬春之交，冰凌融解之时。

伏秋大汛的洪水多由黄河中游的暴雨形成，洪水预见期短，洪峰高，含沙量大，尤其对山东省的黄河防洪威胁严重。黄河暴雨洪水出现时间主要集中在 7 月至 10 月。

菏泽市鄄城县董口镇黄河滩涂
2018 年 10 月摄

山东黄河河道一般可分为三个河段：

1. 聊城市阳谷县陶城铺以上河段，河长 212 公里，两岸大堤间宽约 4 至 8 公里。东明县南滩最宽处达 20 公里。该段滩区面积 692.1 平方公里，占全省滩区面积的 40%。该河段内的滩区面积较大，居住群众较多。面积大的滩区主要有东明县南滩、西滩、鄄城县旧城滩、左营滩、梁山县蔡楼滩、东平县东平滩等。

2. 陶城铺至利津河段，河长 307 公里，两岸大堤间宽约 0.5 至 4 公里。该段滩区面积相对较小，滩区内居住群众较少。

3. 利津以下河段是易延伸摆动的黄河河口段。由于黄河将大量泥沙输送到河口地区，大部分淤在滨海地带，填海造陆，塑造了黄河三角洲。历史上利津以下河道多次改道。此河段内的滩区形成时间较晚，地势低洼、平坦，土地盐碱化严重，漫滩机会较多，且随着河道的淤积延伸，滩区面积会不断扩大。

黄河山东段洪水灾害情况

根据相关历史数据，据不完全统计，历史上黄河山东段的洪水灾害情况如下：

自1950年至2016年，山东省黄河滩区遭受不同程度的洪水漫滩20余次，累计受灾人口664.71万人，受灾村庄1.23万个，被洪水围困人口累计达到160.81万人，转移滩区群众累计98.73万人次，淹没耕地累计1180.88万亩，倒塌房屋累计73.16万间，粮食减产量累计30.74亿斤，经济损失累计46.45亿元。

1996年8月，菏泽市滩区洪水平均水深约1.6米，最大水深5.7米。除高村、艾山、利津三站外，其余各站水位均达到了有实测记录以来的最高值，滩区几乎全部进水。漫滩面积58.2万亩，淹没耕地42.9万亩，倾倒房屋3.79万间，受灾村庄279个，受灾人口178万人。2003年9月至11月，黄河发生了历时长、洪量大的秋汛，淹没滩地面积35.04万亩，受灾人口18.28万人，被水围困群众10.78万人，直接经济损失7.92亿元。[①]

黄河下游滩区还受凌汛威胁，在封冻期或开河期因冰凌堵塞河道，造成水位陡涨，致使黄河滩区遭受不同程度的凌洪漫滩威胁和生命财产损失。1968年至1969年，黄河下游发生"三封三开"的严重凌情，造成山东东阿、齐河、长清、平阴、章丘、济阳、高青、利津、垦利等9个区县滩区多次进水受淹，受灾村庄达130个，淹地2万亩，受灾人口6.6万人。

山东黄河滩区基本情况

黄河山东段由菏泽市东明县入鲁，在东营市垦利区注入渤海，河道长628公里，沿黄共有9个市、25个县、91个乡镇。

受洪水威胁，滩区内较大的基础设施难以决策建设，经济发展受到制约。滩区的安全设施、水利、交通、能源、教育、卫生等基础设施建设严

---

① 《牡丹晚报》2016年7月16日。

菏泽市鄄城县董口镇鱼骨村黄河浮桥
2021 年 11 月摄

重滞后，导致滩区的经济状况和周边地区的差距越来越大，滩区群众生产生活条件相当恶劣。这些主要体现在：

1. 经济社会发展与治河矛盾突出

黄河滩区是黄河河道的重要组成部分，国家有关防洪法律法规明确规定，禁止在行洪河道内建设妨碍行洪的建筑物、构筑物，种植高秆作物和林木，限制兴办大中型项目，造成滩区经济结构单一，群众收入水平较低，生产生活条件差，滩区内外经济发展差距日益加大，与构建和谐社会的要求越来越不相适应。

2. 滩区安全建设滞后

自实施国务院〔1974〕27 号文"废堤筑台"政策以来，尽管滩区避水工程的建设已达 40 多年，但由于土地调整困难、资金不足等诸多原因，造成外迁人口数量不大，滩区已建避水设施少等现象。

菏泽市鄄城县董口镇鱼骨村黄河段，人们正在搭建黄河浮桥
2018 年 7 月摄

离大堤和主河道较近的黄河滩区村庄受淹概率增大，村民的生命财产缺乏安全保障。

多年来，滩区内已经建设了一部分防汛道路及滩区撤离道路，但由于黄河下游滩区面积大，仍有部分村庄不通公路，且现有道路中的等级公路较少，路面宽度、质量不一，道路狭窄泥泞，增加了洪水来临时撤离转移的难度。

3. 已建避水工程抗洪能力整体较低

虽然黄河滩区避水设施建设已建村台、撤离道路等，但目前避水村台普遍高度不足。同时，由于现有村台多以群众自建为主，缺乏统一协调和科学管理。每家每户的房台建设呈孤立状态，导致村庄的街道、巷子及其他公共设施相对低洼，漫滩洪水走街串巷，孤立房台成为孤岛，给群众生产生活带来不便。

受洪水冲泡，不少房屋出现裂缝现象，危及群众生命财产安全。

黄河下游"968"洪水之后，为解决黄河下游滩区群众的生产生活困难问题，国家投入了大量资金，

位于菏泽市东明县菜园集镇高村水文站的豆腐腰堤段
2022 年 3 月摄

有计划地帮助滩区群众修建了部分防洪工程，滩区村庄也开始有较大规模的外迁和就近安置。截至2007 年底，完成外迁村庄 186 个，外迁人口 11.04 万人。配套建设交通道路 879.4 公里。这些工程的建设在解决黄河滩区群众基本生产生活条件，保障生命财产安全方面发挥了重要的作用。

菏泽市黄河滩区基本情况

菏泽是黄河入鲁第一站，黄河在境内全长 185 公里，穿越东明县、牡丹区、鄄城县、郓城县，形成滩区面积 504 平方公里，滩区人口 14.6 万人，约占山东省的 1/4；贫困人口 2.6 万人，占山东省的 3/5。如何让滩区群众摆脱"黄患"危害、如期实现全面小康，是菏泽市发展绕不过的坎，也是脱贫攻坚的"头号工程"。

从黄河进入菏泽市上界到东明县菜园集乡的高村水文站河道长 56 公里，为游荡型河段，两岸堤间距 5 至 20 公里，"二级悬河"形势严峻，是历史上著名的"豆腐腰"堤段，很容易出现"横河""斜河"，甚至顺堤行洪，危及堤防安全。

高村水文站至菏泽市下界河道长 129 公里，是游荡型河道向弯曲型河道转变的过渡型河段。河道总的特点是上宽下窄、排洪能力上大下小，洪水预见期短，突发性强，持续时间长。由于黄河洪水频繁，虽无决口泛滥，但洪水漫滩造成的淹没损失以及防洪和救灾任务一直在加重。洪水漫滩偎堤概率增加，也形成了"小水大灾"的不利局面，增加了滩区群众外迁安置救助难度和堤防工程的防守抢险难度，同时也加重了滩区群众的财产安全损失。

"968"洪水期间，菏泽市 13 处滩区全部漫滩。

2002 年小浪底水库调水调沙试验期间，由于菏泽市主河槽淤积萎缩严重，大流量水头传播速度慢，高水位时间长，导致菏泽市共有 5 处滩区（东明县北滩、牡丹区岔河头滩、鄄城县左营滩、郓城县徐码头滩、郓城县四杰滩）漫滩进水，嫩滩全部被淹没。[1] 2003 年秋汛期间，菏泽市共有 4 处黄河滩区（东明县南滩、鄄城县左营滩、郓城县徐码头滩、四杰滩）漫滩进水。

20 世纪 80 年代以来，国家加大了对黄河滩区安全建设的力度，分期分批对避水工程进行了加高、加固。目前，滩区内共有村台和避水台 213 个，台顶面积 3310 万平方米。为方便群众洪水期间外迁，部分乡村修建了外迁硬化道路，全市共有 37 条撤退道路，总长度 232.1 公里。

黄河滩区安全设施由国家资助、公办民助形式进行建设。截至 2016 年，菏泽市黄河滩区还有包括鄄城县、东明县、牡丹区等 3 个县（区），共 7 个乡镇约 14.6 万人列入脱贫迁建计划。

---

[1] 张丙夺、孔令科、韩保平：《菏泽黄河河段人工淤滩治理"二级悬河"探讨》，《中国水运》（学术版）2007 年第 3 期。

菏泽市鄄城县董口镇黄河段滩区农民忙秋收
2018 年 10 月摄

治黄之策

2000 年以来的相关扶贫政策和规划纲要：

2002 年，国务院批复《黄河近期重点治理开发规划》；

2008 年，国务院批复《黄河流域防洪规划》；

2010 年，水利部黄河水利委员会编制完成《黄河下游滩区综合治理规划》和《黄河下游滩区安全建设规划》，主要成果纳入《黄河流域综合规划（2012-2030 年）》；

2013 年，国务院批复《黄河流域综合规划（2012-2030 年）》。

上述文件均把黄河下游滩区安全建设作为黄河下游治理的重要内容，提出通过实施外迁、就地就近安置和临时撤离等措施，解决黄河滩区群众的防洪安全及居住、生产安置等问题。

2011 年，中共中央、国务院印发《中国农村扶贫开发纲要（2011—2020 年）》

《中国农村扶贫纲要（2011—2020 年）》明确提出要逐步增加投入，加大易地扶贫搬迁力度，将连片特困区确定为新阶段扶贫开发工作的主战场。《中国农村扶贫开发纲要（2011—2020 年）》的出台，为扶贫攻坚和易地扶贫搬迁提供了政策机遇。

《中华人民共和国国民经济和社会发展第十三个五年规划纲要》

第五十六章"推进精准扶贫精准脱贫"第一节"创新扶贫开发方式"中指出："根据致贫原因和脱贫需求，对贫困人口实行分类精准扶持。通过发展特色产业、转移就业、易地扶贫搬迁、生态

图1

图2

图3

保护扶贫、教育培训、开展医疗保险和医疗救助等措施，实现约5000万建档立卡贫困人口脱贫。"

《山东省国民经济和社会发展第十三个五年规划纲要》

第四十六章"提前完成脱贫任务"中指出："大力实施易地扶贫搬迁工程，统筹做好移民安置工作。结合农村新型社区建设，做好库区、湖区、滩区、山区、黄河展区的贫困人口搬迁安置。"

图1-3 菏泽市鄄城县董口镇黄河段滩区农民忙秋收
2018 年 10 月摄

2016 年，国家发展改革委印发《全国"十三五"易地扶贫搬迁规划》

《全国"十三五"易地扶贫搬迁规划》以精准扶贫、精准脱贫为统领，坚持搬迁与脱贫"两手抓"，明确了"十三五"时期推进易地扶贫搬迁的指导思想、目标任务、资金来源、资金运作模式、保障措施等，是各地推进易地扶贫搬迁工作的行动纲领。为促进搬迁群众稳定脱贫，《全国"十三五"易地扶贫搬迁规划》坚持把贫困搬迁户的脱贫工作贯穿于规划选址、搬迁安置、后续发展全过程，立足安置区资源，依据不同搬迁安置模式，支持发展特色农牧业、劳务经济、现代服务业以及探索资产收益扶贫等方式，确保搬迁群众实现稳定脱贫。

菏泽市鄄城县董口镇黄河段滩区居民用传统"下柳"的方法，抢保即将被黄河水吞噬掉的土地
2018 年 10 月摄

全面打赢脱贫迁建攻坚战

70多年前，这里是鲁西南战役的主战场，刘邓大军强渡黄河，揭开了人民解放军战略进攻的序幕；

70多年后，这里是山东省脱贫攻坚的主战场，"突破菏泽，鲁西崛起"！山东省紧盯黄河滩区攻坚克难的笃定信念，豪迈而清晰！

浩荡东流的黄河母亲，见证了中华儿女求索抗争的顽强斗志，也正在见证一场必须打赢的滩区振兴之战。

村前的黄河奔流不息，滋养了滩区人坚韧包容的品性。他们或固守家园，或从滩区走向更广阔的

世界，在各行各业默默耕耘着，在隐忍中无私奉献着，他们的喜和忧、冷与暖也牵动着党和政府的心弦。

随着山东省黄河滩区居民迁建工作的全面启动，鱼骨村划归为外迁安置村，这个在黄河岸边沉寂了 600 多年的古老村庄面临有史以来的最大变迁。新的鱼骨村位于黄河对岸的黄河社区，距董口镇政府仅几百米。

许多滩区群众参与到了新社区建设中。

"绝不能让滩区群众在全面建成小康社会进程中掉队"，这是山东省委、省政府向党和人民作出的庄严承诺。而完成滩区迁建任务，给滩区群众一个稳稳的家，是打赢脱贫攻坚战的前提和关键！

2018 年 9 月，山东省委、省政府正式出台"突破菏泽，鲁西崛起"的若干意见，支持菏泽在转型升级中实现跨越发展；聚焦黄河滩区打好精准脱贫攻坚战，全力打造乡村振兴的齐鲁样板。

无论艰难险阻，都阻挡不住黄河母亲砥砺前行的脚步。

2019 年 2 月 28 日，春节刚过，鄄城县委、县政府在外迁项目黄河社区召开了"鄄城县滩区迁建决战誓师大会"。

张　伦 / 时任中共菏泽市委副书记、鄄城县委书记

侯养学 / 时任鄄城县黄河滩区脱贫迁建指挥部总指挥，县
　　　　委常委、政法委书记

郅光伟 / 时任鄄城县黄河滩区脱贫迁建指挥部办公室主任

焦心瑞 / 时任鄄城县黄河滩区脱贫迁建指挥部推进办主任

张敬美 / 时任左营乡党委书记

范士武 / 时任旧城镇镇长

李玉如 / 时任董口镇党委书记

王　健 / 时任旧城镇党委书记

张　伦：

　　春回大地，草木萌生。在这万物复苏、生机勃发的美好季节里，我们共聚黄河社区建设现场，隆重召开"滩区迁建决战誓师大会"。沙场点兵，誓师出征。目的是动员全县上下，振奋精神，昂扬斗志，以咬定青山不放松的韧劲、不破楼兰誓不还的担当、敢教日月换新天的气概，迅速开启作战模式，进入决战状态，举全县之力，向滩区迁建发起总攻，坚决打赢这场攻坚战，啃下这块硬骨头。帮助广大滩区群众实现世代安居梦，向上级和全县人民交上一份满意的答卷。

　　县迁建指挥部作为县委、县政府的前线作战机构，要勇于担当，敢于拍板，认真抓好综合协调、临时调度、全面督导等工作，特别是养学、沉静两位县级领导同志，必须坚持一线指挥，盯死靠牢，及时研究解决一些重大问题、疑难问题。四个滩区乡镇作为迁建主体，要继续发扬艰苦奋斗、连续作战、一往无前的战斗精神，要以决战决胜的信心和决心来全力推进。

2018 年 8 月 27 日早六点半，鄄城县黄河滩区脱贫迁建指挥部晨会

侯养学：

　　咱这波人克服了一切困难，特别是这一段时间，大家几乎没有请假的，所以说这个工程进展快，各方面进展顺利。建筑工地也采取了各种保障措施，我从心里也非常感谢大家。有的家里有病人，有的身体带病，但是都坚持在工地上工作。昨天夜里大家都坚持到 11 点。刚才我看着今天那个值班的工作人员早上 5 点多就到了。从心底里我也是感谢大家。

图1

图2

图3

图1-3 鄄城县滩区迁建决战誓师大会现场
2019 年 2 月摄

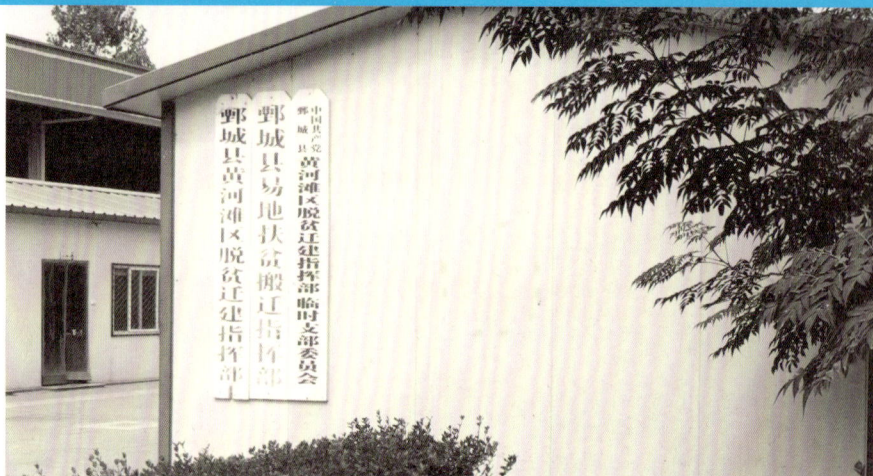

郓城县黄河滩区脱贫迁建指挥部驻地现场
2018 年 7 摄

郅光伟：

指挥部筹建是 2016 年 11 月，政法委侯养学书记坐镇指挥，在旧城镇驻地筹建指挥部。实际上我们工作人员抽调工作是 2016 年 12 月集中完毕，从相关单位抽调过来集体办公。

成立指挥部的原因，就是我们黄河滩区这 42000 多人实现脱贫迁建，任务非常重，量非常大，项目分类又比较多，虽然县里成立了领导小组，但是得把指挥部放在一线。因此在涉及的四个乡镇中间地带设立了指挥部，便于工作的指导、督促、检查、考核。所以说战斗最激烈的地方就在一线，县里就成立了前线指挥部。组成人员有相关单位，有领头的，有四位副县级领导担任指挥长和副指挥长，从相关单位比如政法委、发改委、住建委，还有国土、财政、扶贫办等部门，抽调有搬迁工作经验的，有这方面能力的精干力量，充实到一线指挥部，目的是把这个民生工程、政治工程做好，让领导满意，最主要的是要让群众满意。

图1-2 郓城县滩区迁建指挥部晨会
2018 年 8 月摄

图1

图2

鄄城县左营乡易地扶贫搬迁左南社区指挥部驻地现场
2018 年 8 月摄

焦心瑞：

我们战斗力最强，你知道为什么吗？我们指挥长侯书记责任心太强，他作为县委常委、政法委书记，能坚持每天都上指挥部。每天早上第一个到指挥部的一定是侯书记，每天五点半到。

张敬美：

我们乡四个工作队全部入驻到村，一直到现在已有一年多的时间。我们逐步把责任工作目标、工作任务全部明细到每一个工作队。每一个工作队都有一个明确的工作任务，同时还有一个工作时限。前期上级党委政府这个时间节点，我们要排好我们的工期，在这个工作同时呢，其他的工作，包括我们班子的成员，也要分好工，个人要抓好个人的一摊工作。我们可以说定期不定期地就要召开党委扩大会、书记办公会，对我们工作当中存在的问题，下一步的

晚九点仍在进行的鄄城县左营乡
易地扶贫搬迁工作推进会
2018 年 9 月摄

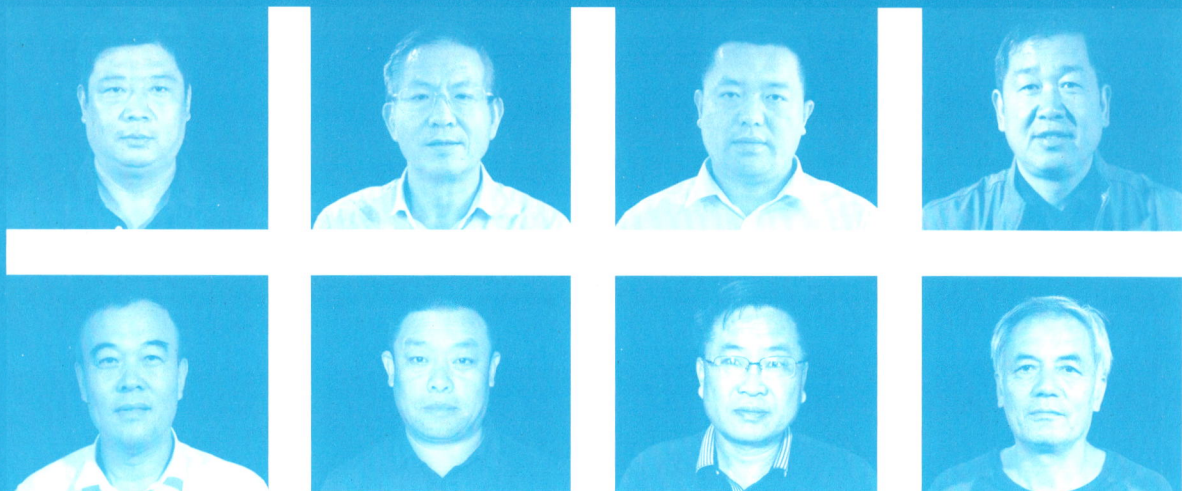

工作要进行安排研究。这个易地扶贫搬迁对于我们一个乡镇来讲，是一个重大的工程，可以说是往年没有过的。我在乡镇工作29年时间，在1997年曾经干过这些工作，因为我原先在老葛庄乡，那里也牵扯到滩区搬迁，所以根据当时情况我们也制订工作计划，几个书记班子和分管同志每个人履行好自己的工作职责。我们的乡长直接就在工地办公。

范士武：

我每天感觉时间不够用，一直这种感觉。一年了，都是早晨五点起床，五点半到工地，对整个工地进行检查。六点到工地上要准时开例会，布置完每天的工作，每天都这样。一般晚上都要六点半再开一次总结会，把每天的工作做一个总结，把第二天的工作再做一个安排，有时候晚上还要加班。我们每个村台都有县、乡两个指挥部，平均一个村台8到10名工作人员，每天都要对整个工地进行巡查。我们忙的时候，一天要走30000步以上，就微信跑步，平均每个人要跑30000步以上，可以说付出了很多的心血和汗水。

因为我们这个镇非常特殊，我们旧城镇搬迁的人数是最多的，是滩区搬迁任务最重的。我们今年还有22个自然村、17894口人，到9月要实现搬迁，搬迁任务比较重，所以从去年9月我们开始建设村台，从一开始建设的时候，我们这个县、乡两个指挥部对时间上做的要求比较高。

图1

图2

图1-2 鄄城县滩区迁建指挥部的工作人员
2018 年 9 月摄

鄄城县董口镇晨会
2018 年 8 月摄

李玉如：

　　有很多群众对美好生活向往不足，我们要给他们描绘好。有了这个目标，我们可以带动群众既住上新房，又过上美好的生活，过上好日子。

王　健：

　　在滩区里面构筑这么一个村台的土台了，这个是新生事物。一开始老百姓是半信半疑的，他们不相信，能在滩区里面构筑这么大的一个台子，还能把几个村都搬到台子上去。老百姓对这个事儿持怀疑态度，所以需要做大量的思想工作，要把群众统一到这上面来，给他进行宣传，耐心地解释，让他有信心。再一个困难是，因为这些滩区村庄要集中到一个地方，集中到这一个村台上来，要占这一个村的土地，或者是两个村的土地，这一个台子上住五六个村，需要对五六个村进行土地调整，有大量工作需要做。

鄄城县董口镇政府会议室（2）
2018 年 8 月摄

　　立下愚公志，誓啃硬骨头！为全面打赢脱贫迁建攻坚战，各级滩区建设者们强化使命担当，精准发力，奋力攻坚，扎实布局滩区迁建各项工作。村台淤筑、台体降水、地基强夯、社区建设等工程环环相扣，滩区迁建工程紧锣密鼓、科学推进。

　　鄄城县滩区迁建指挥部设在偏远的旧城镇。无论严寒酷暑，指挥长每天早 6 点查看工地、现场督战；指挥部成员划片作战，全天候蹲守。一般问题在一线解决，疑难问题每天对头协商解决，特殊问题随时调度协调解决。"易地扶贫搬迁百日会战""居民外迁突击月""村台淤筑攻坚""村台社区建设攻坚"等专项行动，见证了建设者们决战决胜的思想自觉和行动自觉。

郓城县董口镇黄河段
2022 年 6 月摄

村里来了年轻人

实干之要，重在落实。山东省激励各类人才到农村广阔天地展才华、显身手，激励党员干部在乡村振兴中做新时代的先锋模范。无数中华儿女在黄河滩区拼搏奋斗，上演了一个个关于家园与梦想的动人故事。

做一番事业，靠奋斗追来荣耀，这是新时代青年人的共同梦想。在黄河滩区迁建和乡村振兴的队伍中，这批来自他乡的年轻人，将个人命运融入了时代潮流。他们不忘初心，反哺母亲河；他们从城市来到农村，用青春和热血践行着新时代青年的中国梦！

图1

图2

图3

图4

图1-4　鄄城县左营乡新来的年轻人
2018 年 9 月摄

李　　耀 / 左营乡（2020 年改为左营镇）工作人员

王　　柯 / 董口镇工作人员

胡艺凡 / 董口镇工作人员

宋稳稳 / 左营乡（2020 年改为左营镇）郭集小学教师

李　耀：

其实我对这个选调生工作一开始感觉还是比较神圣的，扎根基层，服务群众。虽然做的都是小事，但都是为基层服务的事。我去年来了就赶上村"两委"换届，头一年就赶上这个大活了，就感觉虽然很忙，但是这个过程走过来了，对换届流程非常熟悉了，就很有收获感。这其中包括我包的村，没事我就下去跟村支书他们聊天了解情况。前天，我俩用了三天时间把村里的贫困户探访了一遍。

王　柯：

自从我考上选调生之后，我就希望把我大学所学的知识，能够带到我工作的村和我工作的乡镇，能够开阔一下老百姓的视野，能够让我所学的知识，包括这种大城市的经历，包括外面的世界，我都想讲给他们听，让他们对生活充满向往，也让他们更加坚定脱贫致富的一种信念。

有的时候心里也很有落差感，晚上自己一个人在办公室值班的时候，我也会思考，来到这儿到底值不值，到底为了啥。但是又一想，别人有别人的幸福感，我也有我的获得感。作为一名中国共产党党员，也是一名公务员，为人民服务，看到群众笑脸的时候，我自己心里是很有获得感和成就感的。

郓城县董口镇政府晨会

2018 年 11 月摄

胡艺凡：

其实在没考选调生之前，我也是想考研究生的。但是在研究生进了复试后，在最后的选择当中，在研究生和选调生之间，我最终还是选择了选调生，虽然很累很累，但我一直也不后悔。

宋稳稳：

我在这儿和他们相处这么长时间，其实故事很多，每个孩子都是一个故事。因为我们这儿是滩区嘛，贫困地区，基本上大部分同学都是父母外出打工，他们在家和爷爷奶奶在一起。我记得有一个小女孩，她在学校表现得一直都很乖巧，然后和同学关系相处也很好，成绩也一直很优秀。放暑假的时候，有一天她的妈妈给我打电话，特别生气地说管不了孩子了。当时她妈妈的语气特别生气，就好像是我的孩子惹她生气了一样，她来找我告状那种感觉。这也说明孩子家长对我的一种信任吧。

扫码可观看视频

《建设者之歌》

Ⅲ

乔迁圆梦篇　撸起袖子加油干

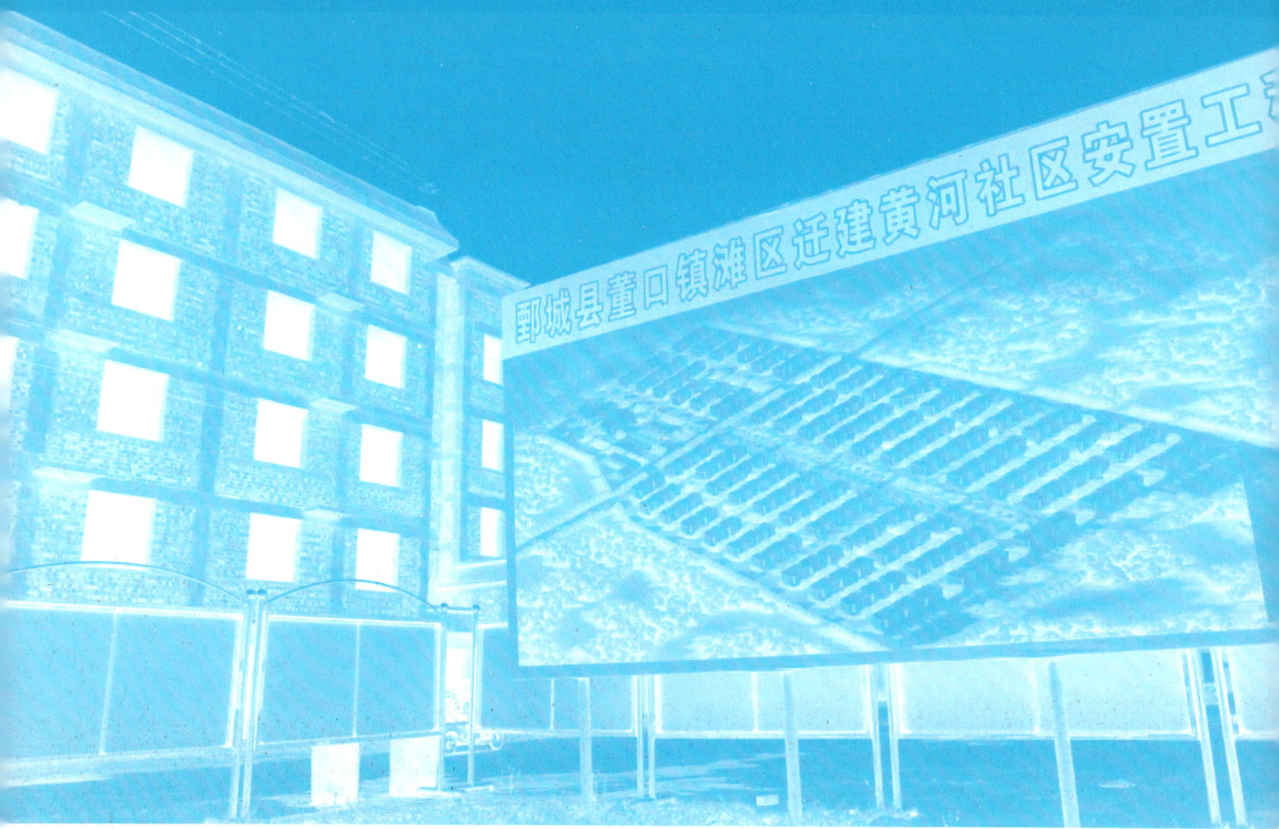

鄄城县董口镇滩区迁建黄河社区安置工程建设现场
2019 年 2 月摄

滩区建设者

　　为做好黄河滩区脱贫工作，菏泽举全市之力加快脱贫迁建工程建设，首创了就地就近筑台迁建模式，先后攻克了项目选址征地、村台地基降水处理等难题，累计投入资金 150 多亿元，6 万余人日夜奋战在建设一线，新建村台社区 28 个、外迁社区 6 个、临时撤离道路 127.4 公里。基层建设者们做了大量艰苦细致的工作。从一砖一瓦的严格把关，到工程推进、群众思想工作，基层建设者无不亲力亲为。

　　为将迁建政策宣讲到位、落实到位，建设者们不辞辛劳，挨家挨户宣讲政策、答疑解惑。

　　在沙地上盖房，地基问题是严峻考验！建设者们顶住压力、反复试验，按期高质量完成淤沙任务。

东明县沙窝镇 3 号村台的建设者
2019 年 11 月摄

　　村台建设是鄄城县史无前例的重大工程，建设者们上下求索、知难而进。他们结合水利部黄河水利委员会专家意见，探索走出了一条采用井点降水方法加快台体基础处理的成功之路，大大缩短了降水期。

　　疫情期间，建设者们克服重重困难，缜密部署，一面强化疫情防控，一面及时复工全力推进建设。

图1

张敬美（时任左营乡党委书记）：

我们四个月时间，开展百日决战活动，就是用
一百天的时间，项目要全部完工，还要保质保量，
确保老百姓顺利入住。在这个情况下，我们县
指挥部的侯书记和李县长一直坚守在左营村。
因为这个时间非常紧，每天早上六点半在指挥
部吃早餐，也是早餐会，对每天的工作进行安排。
这样我们的班子成员，按照各自分工，每天一
大早到工地开晨会，到村里去开展工作。每天
晚上六点，县指挥部那边要针对每天的工作开
碰头会。我们是每天碰头，根据每天的工作情况、
进度情况，存在问题要在第二天进行整改。
我们这里要迁建2800多户，将近9000人，
群众工作这一块，工作量特别的大。工地建设
任务重，群众工作我们一直在加班加点地做，
我们坚持到每晚十点，工地上的同志都坚持到
十一二点，很多时候是坚持到天明。我们有很
多时候也坚持到天明，没办法，时间紧，任务重。

图2

图3

图4

图5

图6

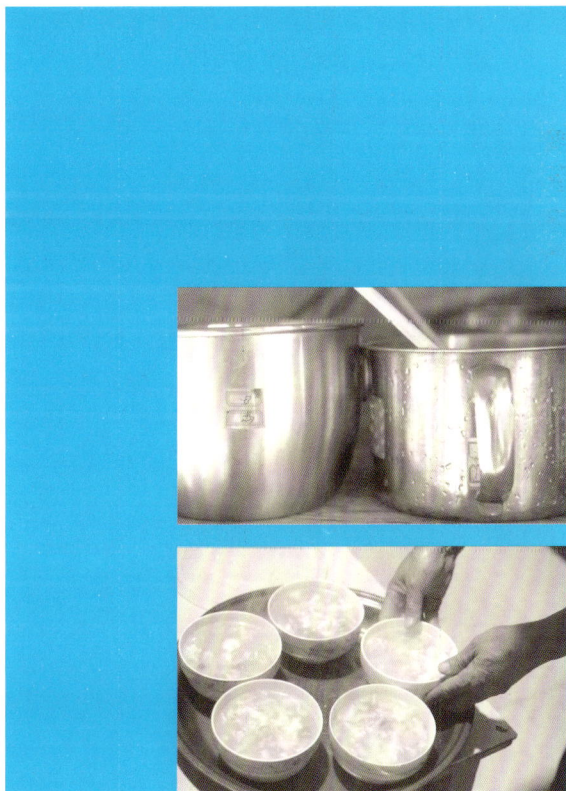

图7

图1-7　鄄城县滩区迁建指挥部工作人员吃大锅饭
　　　　2018年10月摄

访谈实录

常秀芹 / 本书作者
张敬美 / 时任左营乡党委书记
范士武 / 时任旧城镇镇长
郘光伟 / 时任鄄城县黄河滩区脱贫迁建指挥部办公室主任
李玉如 / 时任董口镇党委书记

常秀芹：

工期这么紧，工程质量如何保证呢？

张敬美：

工程质量是建筑公司和质监局相关部门把关，他们每天和我们指挥部的人一起，和我们的群众代表，和我们的村干部，一直都是吃住在工地，一直坚持在工地，群众代表全程参与。通过搬迁，群众参与度和积极性明显提高。

范士武：

我们为了保证质量，每个村台都成立了一个监督委员会，监督委员会的人主要是从每个村里面抽出一部分老党员，一些退下来的村干部，一些有威望的人。他们到了村台上每天要跟我们一样到工地，看进度，看质量。如果发现有问题就先用本子记上，一二三，记上毛病。我跟他们说你今天记上毛病，我们马上就整改，整改完之后让他们再看，直到满意为止。

常秀芹：

您在黄河滩区遇到的最大困难是什么？

郘光伟：

最大的困难就是黄河浮桥拆除。从去年开工，接近一年的时间，去年浮桥拆了有十多天。今年拆的时间最长的一次是二十二天左右，前天刚通上。浮桥不通，我们这边原材料包括工人交通就非常困难，隔着条河我们过不去。很多时候我们得绕高速公路。绕高速经常遇上大塞车，上周我们两个人过去，回来的时候在高速上堵了四个小时，下不来。

没办法啊！你再难也得过去。有时候时间太紧张了，我实在没办法了，就叫王书记给我们协调租个船临时开过去。浮桥有时候必须得拆，这个是没办法的事，你拆了浮桥我们不能不干活啊，所以这是最大的困难。

张敬美：

指挥部联合办公，侯书记一直都在我们县指挥部一线办公。因为每到一些环节都会出现一些新问题，所以要及时碰头，要召开碰头会。比如说老百姓搬迁，他们已经在黄河滩区生活了几代人，特别是年纪大的，故土情结很重，我们就要经常下去走访，看看群众这方面是不是接受了，还有哪些问题需要解决。每天晚上要分析到村，分析到生产队，分析到哪一户。知道每一户的情况，然后有针对性地开展工作，摸清村情，给老百姓讲政策，做他们的思想工作，绝大部分老百姓都盼着尽早搬出来，但故土情结这块也有难度。

郘光伟：

我五十四周岁，明年就五十五了，按照我们现

图1

图2

图1-2　鄄城县滩区迁建指挥部的食堂
2018年9月摄

在政策明年我就该退休了。但是每天都有大量的问题需要你处理，这个压力比较大。从今年的五一，每天早晨我们五点来钟从家出来，除下大雨不来之外，一年到头基本都来。迁建这个活儿很复杂，事情很多，得有人干啊，我们不干谁干？本来按我这个年龄是不该来了，因为年轻同志相对好一点，我们都是面临退休的人了。

常秀芹：

您当初为什么同意来滩区接受这种高强度的挑战？

郜光伟：

组织上叫来，实际上是对我的信任。说实话，我原来一直从事机关工作，最早在乡办公室干了十多年，主要是组织上安排了，就是个人再有困难，也得服从组织安排。反正这个活儿得有人干，明知道累，有些业务需要来我也来，我知道这个地方很累，干了三十多年了，不能当逃兵。

等几十年以后，想想当时滩区村台建设我们曾出过力，流过汗，也会自豪。

常秀芹：

您有多长时间没有歇过周末了？这种状态从什么时候开始？

张敬美：

我们没歇过周末，因为我们乡镇的干部有些工作任务头绪比较多。脱贫攻坚、精准扶贫任务那么重，再加上我们这里是易地扶贫搬迁，这是历史性的一个任务啊！我们本身还有其他很多日常工作都必须做好，包括招商引资、基层党建工作、社会治安工作都是要做的。乡镇这一级麻雀虽小五脏俱全，上级的各项方针政策，都需要基层来落实，方方面面、大大小小的事情都需要我们来做。

我们基本上没有星期天、节假日，没有这个概念。就是一年当中到清明节那一天，家里没什么情况的，就在单位继续干工作。家里老人不在的，可以去给老人扫扫墓，祭奠下老人，这个是不能忘怀的，这也是我们一个非常朴素的感情吧。

大家已习惯了，我们也知道该休息得休息，但是我们的工作任务在那里，我们的责任在那里，我们的任务不能积压，如果哪一天任务完不成，我们心里会不安生。特别是滩区搬迁，既是一项重大的民生工程，同时也是我们的一个政治责任，可以说这个迁建工作，比我们自己家的事都重要，所以我们对星期天基本上没什么概念。

李玉如：

基层工作的特点，上面千条线，下面一根针。

鄄城县董口镇黄河社区建筑工地的女工
2018 年 8 月摄

各级的政策、各部门的工作安排，都要通过乡镇这一级和群众挂起钩来，每天都要扣好每一粒扣子，每天都要扣好不同的扣子，我们的工作就没有城市生活那样有规律。在一个乡镇面临几万多群众、90 多个自然村，说不定哪个村庄会发生什么事情，尤其突发事件，这就要求乡镇干部要相当于消防队，救急救险。一方面要执行上面的政策，要兑现上面的政策，要解决群众的问题，还有解决急难的工作，所以乡镇干部工作起来没有规律和节奏可循，也习惯了。有个顺口溜：早七晚八，星期天白搭；早六晚九，节假日没有。这样也习惯了，并不感

到多么劳累。

你听说过以前的赤脚医生吗？就一间屋子，放着几个药箱子，但是赤脚医生不像大医院分内科、外科、神经科，他属于啥病都要看的，他是全科大夫。虽然医疗水平就像乡镇干部理论水平不见得多高，但是我们相当于赤脚医生这个角色，什么活都要干，什么事都要接，什么问题都要解决，要跟群众面对面地去处理问题，这样就决定乡镇干部不可能有多规律的生活和休息制度，不可能。既然选择了乡镇工作，这些也没有过多的考虑。

建设中的鄄城县旧城镇安庄社区
2020 年 5 月摄

建设中的鄄城县旧城镇六合社区
2020 年 5 月摄

郓城县滩区迁建指挥部晨会
2018 年 8 月摄

郓城县董口镇邓庄村搬迁前夜的会议现场
2019 年 12 月摄

郓城县董口镇鱼骨村村民参加黄河滩区迁建居民就业创业培训班
2018 年 8 月摄

    2018 年深秋，时任董口镇党委书记李玉如告别黄河滩区，上任菏泽市扶贫办副主任，开始了他扶贫路上的新角色。

    临行前，他特意来到董口镇臧庄村贫困户臧章建家。这是一个有干部帮扶，但总体靠自食其力实现脱贫的家庭。家里兄弟两人都还没有娶上媳妇。

李玉如与臧章建等人
2018 年 11 月摄

李玉如：

这院子叫你弄得又跟垃圾窝一样了。你要是听我的话，你就把这院子收拾了；你要不听，这样也行，我也不管你了。

臧章建：

咋整啊？

李玉如：

我跟你说章建，有人来也好，没有人来也好，十里八乡的你为啥寻不上媳妇，你看看，你看看有像你这样邋遢的不？谁愿意跟你一个被窝住啊？你看你那个门吧，一开始你把门留那边了，我叫你清理那些垃圾你清理了，后来你自己又把门留这边。

臧章建：

碍着水渠啊，李书记。

李玉如：

我没想到叫你给整得这样了，我这段时间身体也不好就没来，我这来一看，你咋给我弄得这样了？

村干部：

李书记经常在大会上讲，让干部职工给凑凑头，想想办法，有合适的给章建说个媳妇，没少给打听。

图1

图 1-2　鄄城县董口镇黄河社区建设现场
2019 年 3 月摄

图 2

给滩区人稳稳的家

河水洋洋，

奔流入海，

在黄河滩区脱贫迁建的大潮中，

每个人都是奔腾绽放的浪花，

他们与这个波澜壮阔的时代共鸣，

将个人命运融入时代洪流，

融入了脱贫攻坚、乡村振兴的伟大历程。

图1

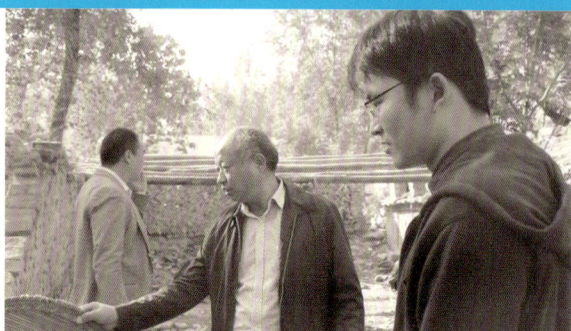

图2

图1-2　鄄城县左营乡为滩区迁建而忙碌的建设者
2018 年 10 月摄

郅光伟 / 时任鄄城县黄河滩区脱贫迁建指挥部办公室主任
申思江 / 时任鄄城县黄河滩区脱贫迁建指挥部办公室副主任
焦心瑞 / 时任鄄城县黄河滩区脱贫迁建指挥部推进办主任
范士武 / 时任旧城镇镇长
张敬美 / 时任左营乡党委书记

郅光伟：

我们这班人很团结，虽然都是来自各个部门和乡镇，团结是最大的优势。侯书记带着我们这班人一个共同的目标，就是把黄河滩区现在这个活儿干好，我们最欣慰的就是看到房子一天天盖起来了。

申思江：

我负责给指挥部的领导搞好综合协调，给指挥部的领导上传下达协调各方面的关系，另外一个我也负责具体的一个村台。

焦心瑞：

我作为省、市迁建办的联络员，得把上级政策宣传到位。

范士武：

一天要走 30000 步以上。每天从早晨五点起床，到六点在工地上开晨会，布置完每天的工作，就要对整个工地进行检查。我们每个村台都有县、乡两个指挥部，每天都要对整个工地进行巡查，确保工程进度和质量。

张敬美：

每天晚上到六点，县指挥部那边针对每天的工作要开会，我们是每天碰头，根据每天的工作内容，逐一落实、检查、整改。

图1

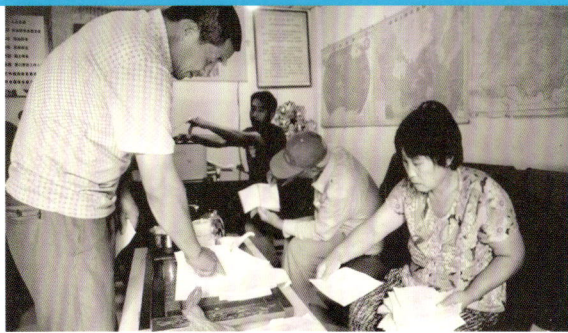

图2

图1-2　鄄城县滩区迁建指挥部忙碌的工作人员
2018 年 8 月摄

鄄城县滩区迁建指挥部的食堂师傅
2018 年 9 月摄

图1

图2

鄄城县黄河滩区脱贫迁建指挥部晨会

2018 年 9 月摄

2018 年 9 月 9 日 06:30
鄄城县黄河滩区脱贫迁建指挥部晨会

侯养学（时任鄄城县黄河滩区脱贫迁建指挥部指挥长，县委常委、政法委书记）：

要按照咱们自己置办新家的标准，来给老百姓收拾房子。咱们都有体会，你挪一个新家，你得按照自己家的标准去完善才行。现在水电的调试，卫生、垃圾的处理，收尾工程，弄个三天五天的收拾不完，你肯定收拾不完啊！所以这些小的细微的环节的衔接，我们都还要再完善。

图 1

图 2

图 3

图 4

图 5

图6

图7

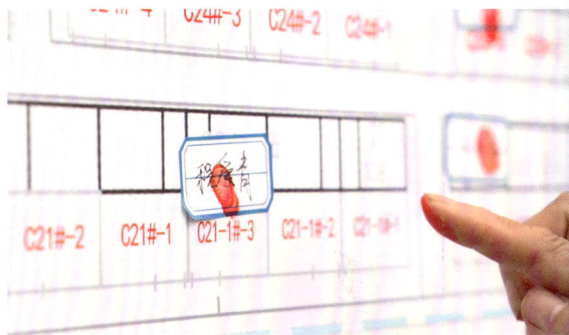

图8

图9

图10

图1-10 　菏泽市鄄城县黄河滩区群众喜迎新居，图为新社区居民领房现场
2020 年 9 月摄

张敬美／时任左营乡党委书记
路丽华／董口镇干部

2018 年 9 月 9 日 21:30
左营乡易地扶贫搬迁动员会

张敬美：

在搬迁之前，因为路窄、路少，我们弄了一个搬迁方案。我们一共分为三个工作组，第一个工作组负责疏通交通，我们在各个路口，特别是在上下黄河大堤的路口，安排了几个年轻力壮的小伙子。搬家的车走哪条路，回去的车走哪条路，我们分到各个路口、各个村里。村里的车怎么停放，向西去的车怎么办，向东去的车怎么办，我们疏通交通这一块抽调了 50 个人。

第二个就是为群众搬家，哪个村里有老弱病残，没有能力搬迁的，我们组建搬迁队，先排查再帮扶。老百姓一旦求助了，说没人给俺搬家怎么办，这个时候咱就得有人顶上去。在搬迁这个问题上，我们要做到不落一户、不落一人。第三就是成立医疗服务队，在搬家过程中磕磕碰碰是避免不了的，群众有些有高血压、心脏病，害怕出现这些情况，我们提前做好了准备，帮助老百姓开开心心、平平安安搬家。

郓城县董口镇邓庄村信息摸排现场
2018 年 7 月摄

郓城县董口镇邓庄村搬迁动员现场
2018 年 12 月摄

　　2018 年初冬时节，董口镇迎来了新任党委书记贾海龙，他上任的第一件大事，就是滩区村庄的搬迁工作。率先搬迁的是邓庄村，属于滩区迁建二期试点工程。

　　搬迁是改变村庄命运的大事，虽说各项工作都在有序推进着，镇上的干部还是一次次到村里走访摸底。

路丽华：

　　也是想着让咱们群众尽可能地达到满意，在政策允许的范围内，我们尽最大的可能。

村民：

　　搬家要是能给俺唱出大戏才好来。

路丽华：

　　这个事回头还得给你申请申请，给文体局的说说，申请看看给你们村送几天戏。现在叫文化下乡。

鄄城县董口镇搬迁动员会（1）
2018 年 12 月摄

鄄城县董口镇搬迁动员会（2）
2018 年 12 月摄

2018 年 12 月 17 日 7:30
董口镇晨会暨邓庄村搬迁动员会

贾海龙（时任董口镇党委书记）：

　　星期六、星期天大部分同志都没有休息，我希望在辛苦的同时咱们要重点做推进。咱们要做出成绩来，有些事千万别拖，因为就剩这几天了，冲刺这几天，圆满把 2018 年度过去，争取给 2019 年开个好头。

　　从明天开始邓庄村选房搬迁，这个能为我们黄河社区起到一个试金石的作用。邓庄村虽然小，一共只有八栋楼，但是如果我们协调不好，就有可能会出现纰漏，所以这一次大家各尽其职，为下一步黄河社区搬迁打造一个好基础。现在人员都分工明确了，也进行了细化和量化，各个组下一步注意协调。散会之后根据咱们的分组协调配合好，搞好演练，争取明天的搬迁工作做到安全迅速有序，同时要做到和谐。

郫城县董口镇黄河大堤边，去往邓庄老村方向的路标
2020 年 2 月摄

　　沿邓庄老村往外走，过了黄河大堤就是邓庄新村。一条大堤，隔开的却是新旧两个世界。邓庄的先人不会想到，他们的子孙终将摆脱黄泛之苦，过上城镇化的新生活。

　　晚上九点多，镇上的干部、邓庄村村委班子和村民代表仍在为分房选房的事忙碌着。时而会有群众过来咨询问题。

王永刚 / 董口镇干部

邓仰胜 / 董口镇邓庄村村干部

崔　勇 / 董口镇干部

邓仰泗 / 董口镇邓庄村群众代表

路丽华 / 董口镇干部

高冠福 / 董口镇鱼骨村村民

宋道玉 / 左营乡丁杨寺村村干部

李志才 / 董口镇鱼骨村村民

李东阳 / 董口镇鱼骨村村民

范士武 / 时任旧城镇镇长

张敬美 / 时任左营乡党委书记

图1

邓庄村群众：

你是主持人吗？

王永刚：

我负责召集。

邓庄村群众：

我跟你说，我这个大女儿嫁到湖北了，小女儿招回一个养老女婿。咱这镇党委，董口镇都是支持的，我把这个女婿的户口搬回来了，邓庄也欢迎接收，为啥在你这里不同意呢？

邓仰胜：

你这个提出养老女婿，我们研究的意见是：一、当家的要提出申请；二、要有五家提供担保，得证明确实是养老女婿；三、截至今天五点半手续没交上来的一概没有。

邓庄村群众：

几点？

邓仰胜：

今天五点半。

邓庄村群众：

我要是在家，我不做这些事算我糊涂，问题是我不在家，我在南方呢。网上说邓庄搬迁政策我才看到了，要是国家没有找养老女婿这一套，我不要。

邓仰胜：

你今天五点半没有提交这些手续，就是没有。

邓庄村群众：

今天五点半？你这个全是错误的，你直接通知我了吗？

邓仰胜：

你得自己提供上来，我不知道你的号。

邓庄村群众：

你不知道我的号？我还不知道你的号来！

王永刚：

你这样，你两家退到大路上去，我们商量商量这个事。

　　几个群众互相推搡着走了出去，众人坐下继续商讨工作。

图2

图1-2　鄄城县董口镇邓庄村群众喜迎新居
2018 年 12 月摄

崔　勇：

咱邓庄村的干部、群众代表都在这坐着呢，所有确定的人数都是咱的干部跟咱所有的代表签字摁手印的。刚才人家说得很正确，人家是明媒正娶，人家来了之后，如果真是明媒正娶的，来了邓庄，就是应该跟咱现在的村民所有的权利是一样的。刚才王书记说，我们只是负责召集咱村里的干部跟代表来开这个会，人员的确定，全部在你们。

王永刚：

你们这个事儿吧，如果是说他不符合条件，不要拿人为、不要拿他到现在没提供过来手续为借口，这是绝对不行的。有时候需要人性化，有时候咱需要变通。大家伙想想是不，要是就是，不是速战速决。

邓仰泗：

王书记这个我说几句，他这两家招这个养老女婿吧，这是真的。就是缺这个材料，咱要他提供这个五家担保证明，包括要本人上这儿来申请，就是缺这两样。

王永刚：

你说招养老女婿是真的？

邓仰泗：

真的，这两家都是真的。

邓仰胜：

搬家这么大的事情，大家也别都做好人，有意见该说的就说。

群众代表：

给人家，应该给人家。

路丽华：

要是给人家咱们就统一意见，签上名字，按手印。

王永刚：

那咱就给他，给他点时间让他把手续办好拿过来，拿不过来我照样掐着你。这样中不？

邓庄村群众：

中。

大家意见统一后，开门把几个群众喊进屋内。会议召集人王永刚宣布集体意见。

鄄城县董口镇滩区居民在搬新居之际，抱着孩子们的照片合影留念
2018 年 11 月摄

王永刚：

　　咱的村民代表也是宽宏大量的，也是非常人性化的，人家也是非常同情你们的。你们也别觉得我就应该怎样，我给你说，这几个代表让着你，因为你没按商量的要求执行，人家这几个代表商量的结果，是具有咱村效力的，具有这个权力的，知道吧？你没按照这个执行，你说你不知道，好，给你三天时间，先正常选房子，这个都认可不？

邓仰泗：

　　听懂了吗，你俩？

王永刚：

　　明天正常参加选房。

邓庄村群众：

　　好，听懂了。

路丽华：

　　邓庄村搬过来那天晚上，十点多了俺都没走。当整个的路灯都亮起来了的时候，常老师我跟你说，当时俺那几个人，俺们自己心里感动得都光想哭！那个灯一亮，真想哭！这么长时间，楼建起来了，小区给收拾好了，可能有的工作不能让咱的群众完全满意。虽然不能达到每个人都满意吧，但我觉着百分之九十多的群众对

咱这个工作还是认可的。前期跑项目的时候我都知道多么不容易。王永刚书记施工建设期间都是他盯着、管着这些人，哪块的心都得操到，就跟咱家盖个屋子一样，咱家盖个房子都操心，都恨不得都得闹得一场病，把这些事治完，太不容易了，都是往好处去想，往好处做。

高冠福：

　　这房子给我们建得挺好！很满意！我们搬过来以后，孩子上学也近，离学校那么近，多方便啊！在镇上赶个集也方便，交通也好。

宋道玉：

　　我们从不安全的地方搬到一个安全的地方，这是最大的一个好处，我们生命财产安全得到保证了。

李志才：

　　搬迁是个好事，起码给下面的子孙开一个大道，起码这结婚有楼。

李东阳：

　　打小就有一个梦想，想着你看城里人多好，可以住楼房，买个小车。现在所有人都梦想成真了，都可以住楼房了。只是村子没了，有点舍不得，但是生活确实是往更好的方向发展，也是为老百姓好，为我们大家好，这个我们心里是知道的，只不过有点舍不得这个老村子。

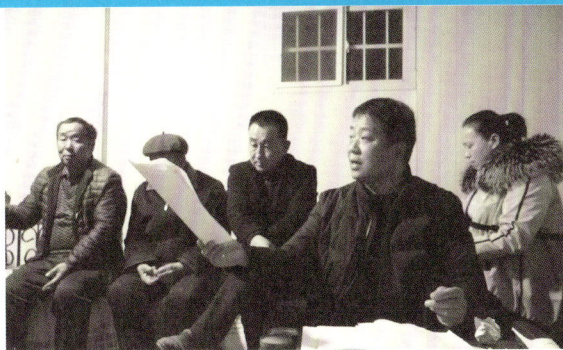

图1

图2

张敬美：

　　曾经，我心目中美丽乡村的样子，就是将来有一天，老百姓从村里挪过来的果树都长得非常茂盛了，草坪也都绿起来了，老百姓也都高高兴兴的，晚上路灯亮了，他们每天晚上能够在广场上跳跳广场舞，可以在广场上聊聊天，甚至在亭子下喝喝茶，他们的日子非常舒心，过

得非常快乐，非常幸福，我觉得这就是社会主义新农村的一个样板。在我的心中，这就是我们社会主义新农村。现在，这些梦想实现了，我感到自己也有成就感了，自己也由衷地有了一种幸福感了，我们这些人也没有什么遗憾了。昔日的黄河滩，如今真变成了幸福滩。

图1-3　鄄城县董口镇邓庄村搬迁前夜的协商会一直持续到晚十点
2018年12月摄

图3

图1

图2

图3

图4

范士武：

　　我们现在也搞了几次培训，村台上有社区服务中心，我们村台的工作人员现在就给老百姓搞服务，搞服务主要是先把老百姓的生活方式慢慢地帮他们改变。我们搞了几次培训，像就业培训会，每个村里搞了几次了。像车间里面的，我们扶贫车间现在陆续地培训工人。像超市，现在马上进行装修，也在培训工人，教他们怎么成为一名超市的员工。其他也在培训，像生活方式，一些家电如何应用，一些大的公司也向村台搞宣传，他们卖煤气灶卖什么东西，讲解怎么用，马桶怎么用，他们现在都在搞培训，群众的生活方式在逐渐改变。现在老多外面打工的年轻人，他们有个习惯，中秋节就要回老家。他们在外地见识广，回家之后对家人的生活方式改变也是一个帮助。我们现在非常欢迎这些年轻人回家来创业，也非常欢迎他们回家来到村台参观。我们对这些年轻人也都很关注，他们对老家的村台建设每天进展如何，包括形象工程，都用微信、抖音、快手发到群里面，每天也是在点赞，他们现在一个最大的愿望就是尽快回家来看看。

图5

图1-6　鄄城县董口镇邓庄村喜迎搬迁的人们
2018 年 12 月摄

图6

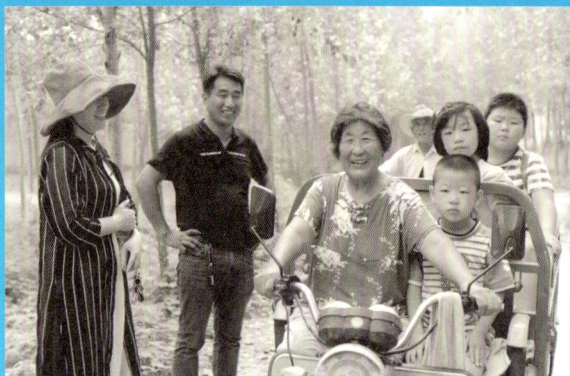

鄄城县董口镇滩区居民
2018 年 7 月摄

鄄城县左营乡滩区居民
2018 年 9 月摄

时任鄄城县左营乡党委书记张敬美与滩区村民在一起
2019 年 10 月摄

图1

图1-2　鄄城县董口镇邓庄村村民搬迁现场
2019 年 12 月摄

图2

图1

图2

图3

图1-9　鄄城县董口镇鱼骨村民居旧貌

2019 年 2 月摄

图 4

图 5

图 6

图 7

图 8

图 9

菏泽市鄄城县董口镇邓庄村旧址
2021 年 3 月摄

图1

图1-2　建成后的菏泽市鄄城县旧城镇六合社区
　　　　2020 年 10 月摄

图2

建成后的菏泽市鄄城县旧城镇六合社区
2020 年 10 月摄

搬得出、稳得住、能致富

　　菏泽市鄄城县黄河滩区脱贫迁建的 1000 多个日日夜夜，指挥长坚持一线作战，盯死靠牢，指导督导；建设者扎根滩区，风里来、雨里去，披星戴月、昼夜奋战！他们与家人聚少离多，满负荷、超负荷，牺牲多、奉献多！他们以"不忘初心、知难而进、求实务细、创新苦干、同心追梦、共铸辉煌"的新时代滩区迁建精神，出色地完成了重任！这些高质高效建成的美丽新社区，凝聚着建设者们的艰辛付出、执着追求及对滩区群众美好生活的畅想和愿望。

　　2020 年 9 月 29 日，鄄城县黄河滩区居民迁建"村台社区"搬迁入住启动仪式在旧城镇六合社区举行。

时任菏泽市委副书记、鄄城县委书记张伦为六合社区居民代表发放钥匙

2020 年 9 月摄

张　伦 / 时任菏泽市委副书记、鄄城县委书记

李玉如 / 时任董口镇党委书记

王　健 / 时任旧城镇党委书记

张敬美 / 时任左营乡党委书记

范士武 / 时任旧城镇镇长

张　伦：

村台社区这项系统化、社会化工程建设，不仅饱含了从中央到地方的高度关注和大力支持，而且凝聚了黄河滩区迁建全体参战人员的艰辛付出和执着追求，锤炼了"争着干""比着干"的干部队伍，展示了"不忘初心、知难而进、求实务细、创新苦干、同心追梦、共铸辉煌"的新时代滩区迁建精神，涌现出了一批可歌可泣的人物事迹。下一步我们要抢抓黄河流域生态保护与高质量发展的战略机遇，统筹推进黄河滩区产业发展，同步推进民生事业，切实做好"搬得出、稳得住、能致富"这篇大文章。

李玉如：

  滩区搬迁不仅仅是房子的问题，而且是给子孙后代开了一条更宽阔更明亮的大道，建立了一个更好的平台。最主要的是阻断贫穷的代际传递，再一个是要摆脱洪水之患，长期在岸边上居住，说不准哪一年发大水危及生命财产安全。

王 健：

  心里有一种收获感，自豪感也有！老百姓一开始不相信咱能干起来，现在整个老百姓的这一片房屋都建起来了，而且是按照美丽村居这样的标准来设计的，老百姓都高兴。新社区整个绿化、美化这一块儿，配套设施都非常齐全。

张敬美：

  老百姓改变了他们的历史。习近平总书记不是说了一句话吗，幸福是奋斗出来的，我们老百姓的幸福也是我们共同奋斗出来的，我们的历史是我们自己创造的。这个黄河滩区迁建，我们老百姓改变了他们的历史，在我们鄄城县也结束了"滩区群众滩区难"的历史，也是了了各级领导的一桩心事。

范士武：

  让滩区的群众能够搬得出、稳得住，还能够致富，这是我们最终的目标。现在搬迁的梦想马上就要实现，下一步我们主要做的就是让群众能搬得出村台，还能在村台上生活下去，怎么样生活，我们也制订了我们最近几年的计划。以前认为滩区太穷了，不要上滩区去，现在观念在发生改变。滩区群众的生活，我相信会越来越好。

鄄城县董口镇新建成的黄河社区与黄河对岸复垦后的鱼骨村旧址隔河相望
2022 年 6 月摄

郓城县董口镇鱼骨村李传讯兄弟的旧家
2018 年 10 月摄

菏泽市东明县焦园乡 7 号村台
2022 年 3 月摄

李传讯兄弟搬迁到黄河社区的新家
2022 年 5 月摄

搬进新社区的郓城县董口镇鱼骨村居民（1）
2022 年 6 月摄

搬进新社区的郓城县董口镇鱼骨村居民（2）
2022 年 6 月摄

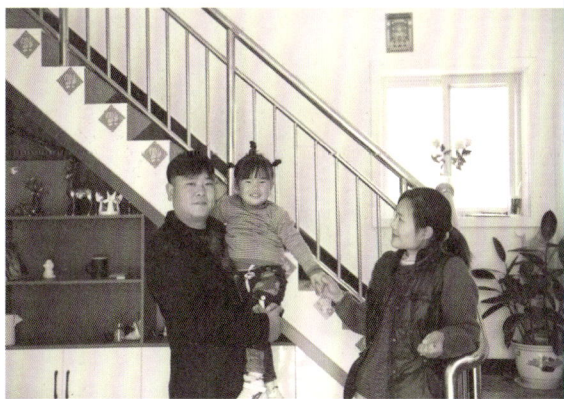

东明县焦园乡向阳社区的居民（1）
2022 年 6 月摄

东明县焦园乡向阳社区的居民（2）
2022 年 6 月摄

扫码可观看视频

《河水洋洋》

IV

蓝图绘梦篇

生态黄河谱新篇

菏泽市东明县焦园乡向阳社区民居
2021 年 10 月摄

要有序推进易地搬迁扶贫，
让搬迁群众搬得出、留得下、能
致富，真正融入新的生活环境。

——习近平

图1

雁归来

家在变好，
娘在变老，
远方的游子，
返乡创业要趁早。

图2 图3

图1-3 菏泽市鄄城县董口镇鱼骨村村民李宪鹏结束了在广东东莞多年的打工生活，携妻儿返乡创业

2022 年 6 月摄

　　经过四年多的日夜奋战，作为山东省脱贫攻坚的主战场，在菏泽市黄河段滩区，6 万余名建设者们日夜奋战在滩区一线，高标准建成村台社区 28 个、外迁社区 6 个、临时撤离道路 127.4 公里。新建社区均高标准配套了水、电、路等基础设施，配齐了学校、幼儿园、卫生室、健身广场等公共服务设施；大力发展特色产业，为黄河滩区长远发展提供了后劲。这不仅让黄河滩区群众有了高质量的住房保障，也有了更高水平的生活质量保障。目前，14.6 万滩区群众已全部实现分房到户，圆了百年"安居梦"，也为黄河滩区的乡村振兴奠定了坚实基础。

　　乡村振兴，产业振兴是重点和关键。而产业要兴旺首先需要的就是人才。长期以来，乡村中青年、优质人才持续外流，人才总量不足、结构失衡、素质偏低、老龄化严重等问题较为突出，乡村人才总体发展水平与乡村振兴的要求之间还存在较大差距。

　　2021 年 2 月，中共中央办公厅、国务院办公厅印发了《关于加快推进乡村人才振兴的意见》（以下简称《意见》），并发出通知，要求各地区各部门结合实际认真贯彻落实。《意见》明确目标任务：到 2025 年，乡村人才振兴制度框架和政策体系基本形成，乡村振兴各领域人才规模不断壮大、素质稳步提升、结构持续优化，各类人才支持服务乡村格局基本形成，乡村人才初步满足实施乡村振兴战略基本需要。

《意见》强调，坚持把乡村人力资本开发放在首要位置，大力培养本土人才，引导城市人才下乡，推动专业人才服务乡村，吸引各类人才在乡村振兴中建功立业，健全乡村人才工作体制机制，强化人才振兴保障措施，培养造就一支懂农业、爱农村、爱农民的"三农"工作队伍。

菏泽市鄄城县董口镇鱼骨村村民李宪鹏、李东阳兄弟，是较早返乡创业的代表人物。

在鱼骨村整体搬迁到现代化的黄河社区后，李宪鹏、李东阳兄弟告别在广东东莞的打工生涯，融入归雁经济大潮，开始了他们的返乡创业之路。

李宪鹏：

现在老家条件好了，政策也好！我要用我在广东学到的技术和资源，在生养我的地方好好努力干点事业！我一定要回到山东老家来做我的一份事业。我觉得只要有能力有想法，真的是有本事的话，在老家这一方土地，在生养自己的这方土地一样能做出一番事业。

李东阳：

我哥哥打工十几年了，我打工也八年了。你说只是打工的话我相信不只是我，不只是我哥，肯定不甘心打工一辈子，打工一辈子这辈子就完了，说句实在话，打工就是为了将来创业，家乡有机会的话肯定就想着搞点事业或者是从头开始创业。

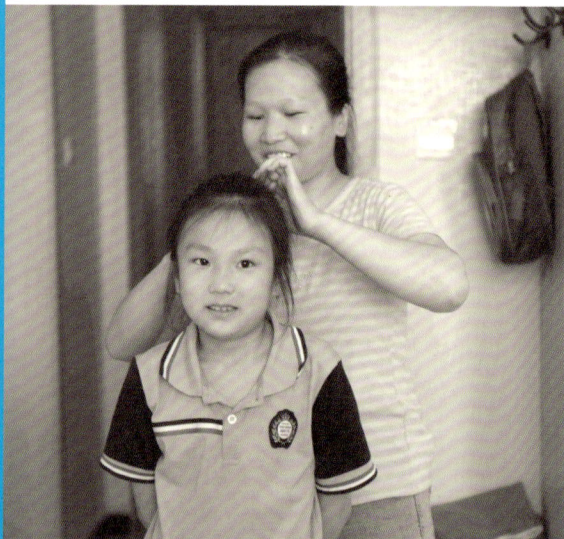

李宪鹏的妻子和女儿
2022 年 6 月摄

菏泽市鄄城县董口镇黄河社区玩耍的孩子

2022 年 6 月摄

菏泽市鄄城县董口镇黄河社区

2022 年 6 月摄

菏泽市鄄城县董口镇金银花种植园清晨采摘的农民
2022 年 6 月摄

菏泽市鄄城县董口镇刘田庄的瓜田（1）
2022 年 6 月摄

菏泽市鄄城县董口镇刘田庄的瓜田（2）
2022 年 6 月摄

菏泽市鄄城县董口镇与黄河社区仅一路之隔的草莓大棚

2021 年 11 月摄

董口镇历来有种植金银花的传统。通过扶贫资金和土地流转等方式，目前金银花种植面积已达到 5000 余亩。采花期主要集中在五六月份，日常金银花田间管理，每天能够吸纳 60 余名周边群众在田间从事除草、剪枝、施肥等工作。在采花高峰期，用工人数能达到 1500 余人，每人每天可获得务工收入 100 余元。

草莓种植基地是董口镇乡村产业振兴项目，规划总占地 1000 余亩，一期投资 2000 万元，占地 216 亩，建设高标准草莓大棚 76 座，草莓育苗基地 100 亩。二期计划投资 5000 万元，占地 800 余亩。基地亩产草莓可达 1.2 万斤，亩均毛收入可达 4.8 万元，出产草莓主要用于冻干加工，出口英国、美国等国家和奥利奥等国际知名品牌冻干草莓块、草莓粉。通过企业种、农民看，政府帮、企业带，成规模、深加工等手段，提高农民收入，促进产业发展。

图1

图2

图3

图1-3 菏泽市鄄城县左营乡左南社区和搬入新区的老人
2021年5月摄

　　围绕人才振兴，菏泽市一方面就地培养造就新型职业农民队伍；另一方面筑巢引凤，吸引更多人才参与到乡村振兴的队伍中。引导外出农民工、退伍军人、农村大中专毕业生返乡创业创新。这些群体由于长期在城市工作学习，吸收了先进的文化、技术和价值观念，应该把他们的力量发挥出来。尤其是外出务工人群，争取让他们返乡创业、兴业，既有利于解决留守儿童和空巢老人问题，又可以带动父老乡亲共同致富、共同发展，这属于"归雁经济"的重要内容。

图1

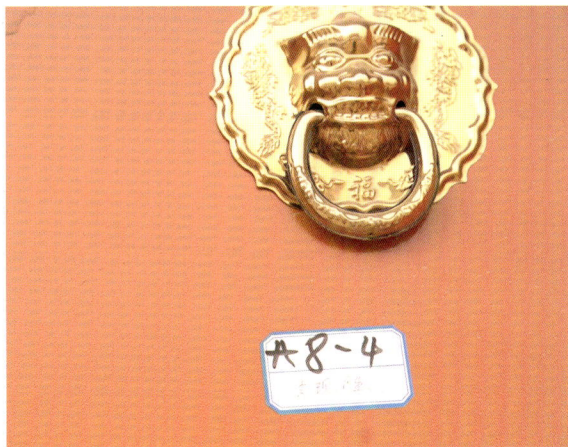

图2

图3

图1-3 菏泽市鄄城县左营镇左南社区小景
2021 年 5 月摄

周福京（时任东明县焦园乡党委书记）：

　　焦园乡是黄河入鲁第一乡，属纯滩区乡镇，是山东黄河流域治理的"排头兵"。搬入新社区后，我们完成了 2022 年春季水利建设工程，清挖沟渠 22 条 90 公里，新修桥涵闸 4 座，提升改造耕地近 4 万亩。同时，我们加快路网建设，全力打造乡村振兴产业路、致富路、生态路、旅游路、幸福路。让群众在新社区的生产生活环境更有温度、更有颜值、更有品位。

菏泽市鄄城县董口镇黄河社区致富车间的工人
2022 年 6 月摄

家门口的车间

　　按照山东省统一规划，在黄河滩区推进"两区同建"模式，以农民生产方式和生活方式转变、就地就近市民化为路径，同步推进农村产业园区和迁建社区建设，并纳入当地城镇化体系统一规划和管理，布局发展乡村旅游、特色种养业、电商物流等产业，推动黄河滩区群众既安居又乐业。

图1

图2

图3

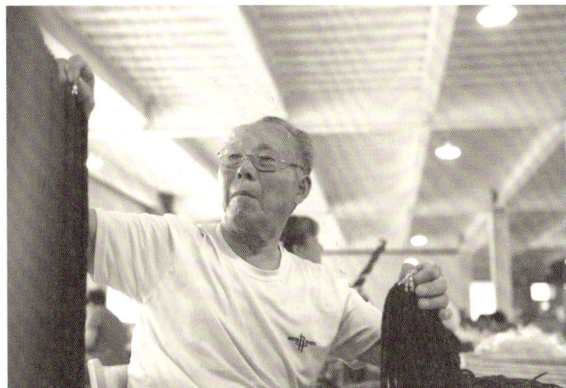
图4

图1-4 菏泽市鄄城县董口镇黄河社区致富车间，由山东潍柴集团援建，占地总面积2000平方米，主要从事发帘、发套等人造假发的加工销售，产品出口韩国、美国、加拿大、日本等图，年产值1700万元，解决80余个就业岗位
2022年6月摄

黄河社区致富车间工人：

现在搬到新区里了，过了河，在这边也挺方便的，平常在家干个手工，这里有扶贫车间，找个活儿都好干。这边比那边强多了，挺方便的，我心里特别高兴、满意。

左南社区致富车间工人：

我家就住在那边33号楼，如果走路的话一分钟就到了，很方便，这里如果演个电影的话，在楼上也能看见。

黄河社区致富车间工人：

我家离我工作的地方只有200米，所以在这里干活非常方便，离家近，照顾孩子照顾老人都很方便。

图1

图2

图3

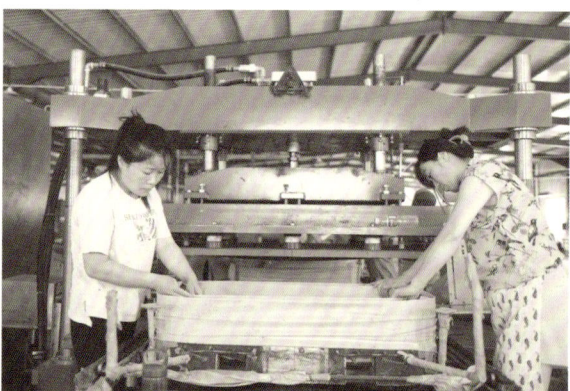
图4

图1-4　菏泽市东明县焦园乡向阳社区的致富车间
2022年3月摄

范士武/时任旧城镇镇长
王保平/时任董口镇镇长

范士武：

我们现在规划了两个方案，第一个就是我们在村台上建立了比较多的适合群众就业的项目，像超市，我们每个村台都有大型超市，用的超市工人全部是周边的群众。还有酒店，用的员工也是周边的群众。每个村台都建了创业车间，我们建了五个大型的创业车间，以前叫扶贫车间，现在叫创业车间，结合我们特色优势的产业，像做假头发，还有一个是手工织地毯，另外还有一些手工的工艺品。

第二个就是我们镇又规划了一个产业园，现在有两个产业园已经初步成型了，我们的特色果品种植产业园，以安庄村村台和三河村村台为主的黄桃、葡萄特色产业种植。现在黄桃种植发展到4000多亩，接近5000亩，带动了周边老多群众都种这个黄桃，特别今年价格非常好，涨到了1元左右。这个黄桃一亩地种80多棵树，一棵树产量100多斤，一亩地差不多收一万多斤黄桃，每亩黄桃今年都挣到6000元，老百姓种桃积极性非常高，明年我们准备再种植3000亩。

今年，我们跟上海一家企业签订了一个种植中药材，因为中药材是我们县的特色产业。上海这家企业就看到我们黄河滩区，主要是水质、

菏泽市鄄城县旧城镇六合社区的手工地毯车间
2022 年 6 月摄

土壤都非常好。因为我们是黄河水灌溉，特别是这种土壤，我们这叫沙地，非常适合种植中药材，他们来了四次考察，现在已经签订了意向，要两万亩，一期可能先种植 6000 亩，意向签了，保证金已经打过来了，下周他们要把租金全部打过来，都种植中药材，有 4 个品种，还有金银花、蒲公英等一些中药材。如果这些地流转之后，整个黄河滩区的群众只要在家想干活就有活干。今年金银花价格也比较好，采摘金银花的群众大部分都是五六十岁以上的老人，在外打工没有就业机会了在家他们不仅能接送孩子，还能在家实现就业。

王保平：

董口镇速冻蔬菜加工项目，投资规模 420 万元。建设地点在董口镇 338 省道与沿黄公路交叉口，项目主要建设内容为速冻蔬菜加工厂房 5000 平方米，覆盖 12 个行政村，人口 7326 户，29687 人。该项目建成后与烟台龙大食品集团进行战略合作，聘请烟台龙大食品集团专业技术管理人员或者团队来项目组进行规范化管理，前期该公司已是烟台龙大食品集团的重要生产基地，公司已在董口镇规范建设蔬菜出口基地 20 多年，已发展出口蔬菜种植基地 3000 多亩，蔬菜能稳定供应且有保证。该项目的实施，能带动部分剩余劳动力，每亩土地实现产值 6000—9000 元，带动从事蔬菜产业化工人岗位 240 人左右、农户 400 户左右。

菏泽市东明县焦园乡向阳社区的孩子们

2022 年 5 月摄

明天更美好

党中央、国务院高度重视黄河滩区迁建工作，高度关注滩区群众安居乐业问题。山东省委、省政府对黄河滩区迁建后续发展工作专门作出安排部署，提出明确工作要求。

2021 年 10 月 8 日，中共中央、国务院印发了《黄河流域生态保护和高质量发展规划纲要》（以下简称《纲要》），这是指导当前和今后一个时期黄河流域生态保护和高质量发展的纲领性文件，是制定实施相关规划方案、政策措施和建设相关工程项目的重要依据。《纲要》指出，要以习近平新时代中国特色社会主义思想为指导，全面贯彻党的十九大和十九届二中、三中、四中全会精神，

菏泽市鄄城县董口镇搬入新社区的孩子们（1）
2021 年 11 月摄

增强"四个意识"、坚定"四个自信"、做到"两个维护"，坚持以人民为中心的发展思想，坚持稳中求进工作总基调，坚持新发展理念，构建新发展格局，坚持以供给侧结构性改革为主线，准确把握重在保护、要在治理的战略要求，将黄河流域生态保护和高质量发展作为事关中华民族伟大复兴的千秋大计，统筹推进山水林田湖草沙综合治理、系统治理、源头治理，着力保障黄河长治久安，着力改善黄河流域生态环境，着力优化水资源配置，着力促进全流域高质量发展，着力改善人民群众生活，着力保护传承弘扬黄河文化，让黄河成为造福人民的幸福河。坚持生态优先、绿色发展，坚持量水而行、节水优先，坚持因地制宜、分类施策，坚持统筹谋划、协同推进，将黄河流域打造成为大江大河治理的重要标杆、国家生态安全的重要屏障、高质量发展的重要实验区、中华文化保护传承弘扬的重要承载区。

2021 年 10 月 20 日—21 日，习近平总书记在山东考察期间，专门到东营市垦利区董集镇杨庙社区调研并指出，全面开展搬迁、迁建是一件了不起的事情。党中央对黄河滩区居民迁建，保证群众安居乐业高度重视。要扎实做好安居富民工作，统筹推进搬迁安置、产业就业、公共设施和社区

服务体系建设，确保人民群众搬得出、稳得住、能发展、可致富。要发挥好基层党组织战斗堡垒作用，努力把社区建设成为人民群众的幸福家园。随后，习近平总书记深入到山东黄河入海口等地实地考察，主持召开深入推动黄河流域生态保护和高质量发展座谈会并发表重要讲话，他强调要科学分析当前黄河流域生态保护和高质量发展形势，咬定目标、脚踏实地、埋头苦干、久久为功，确保"十四五"时期黄河流域生态保护和高质量发展取得明显成效，为黄河永远造福中华民族而不懈奋斗。

2022 年 3 月 25 日，山东省召开黄河滩区迁建后续工作主题会议，总结前段工作，分析形势问题，部署推动产业就业、配套服务、迁建收尾、工作机制等工作，确保黄河滩区迁建后续发展取得实效。

2022 年 4 月 20 日，菏泽市召开黄河流域生态保护和高质量发展领导小组暨滩区迁建后续工作推进会，深入学习贯彻习近平总书记关于黄河流域生态保护和高质量发展及滩区迁建工作重要指示精神，安排部署有关问题整改落实工作，进一步巩固黄河滩区迁建成果，确保滩区群众安居乐业。

访谈实录

张　伦 / 菏泽市委副书记、市长

王　健 / 时任鄄城县旧城镇党委书记

张敬美 / 时任鄄城县左营乡党委书记

常秀芹 / 本书作者

王方领 / 东明县长兴集乡党委书记

范士武 / 时任鄄城县旧城镇镇长

张　伦：

黄河滩区迁建是重大的国家战略，是从根本上实现滩区群众脱贫致富、安居乐业的民生工程。经过我们四年多的日夜奋战，初步完成了这项我市历史上最大规模的民生工程、民心工程，也为滩区群众致富奔小康奠定了坚实基础。前段时间，我安排市政府研究室对滩区迁建后续工作进展情况，以及遇到的问题进行了专题调研。从调研情况来看，滩区迁建后续工作还存在不少问题。首先是提高思想认识，切实增强做好滩区迁建后续工作的紧迫感和责任感，着力解决好滩区迁建后续工作中存在的问题，确保群众"搬得出、稳得住、能发展、可致富"。其次是坚持问题导向，牢牢把握滩区迁建后续工作的着力点。要进一步明确滩区产业发展方向，目前，滩区产业发展受制约的因素比较多，如生态环保、土地性质、土地流转、劳动力流失等方面制约比较突出，非农产业发展空间比较小。下一步，滩区能发展什么产业？怎么发展？怎么支持发展？这都是比较现实和紧迫的问题。

受制于行洪等政策影响，长期以来黄河滩区基本上没有实施大规模的基础设施投资项目，现有的基础设施标准低、功能差，如滩区排水体系不健全，去年秋季遇到强降雨，滩区积水排不出去，农田受淹较重。下一步，各县区各有关部门要对农田水利、交通设施等问题进行认真研究，积极争取上级政策扶持，加大投入力度，切实改善滩区生产生活条件。

做好黄河滩区迁建后续工作，事关群众安居乐业，事关滩区可持续发展。联席会议各成员单位要切实强化大局意识，加强协调、密切配合，形成协同一致、齐抓共管的强大合力。要尽快完成村台建设问题整改工作，切实抓好滩区村台社区后续维护，加快完善社区治理机制，把村台社区打造成美丽宜居、和谐幸福的示范社区。我们的滩区村台和外迁社区就是按照美丽乡村标准建设的，省里给予了相关资金支持。滩区迁建后续的污水处理站、老年服务中心以及社区的路面、下水道、绿化、美化、卫生保洁等，都需要下大气力维护好、运转好，要坚决避免出现"破窗效应"。

黄河滩区迁建后续工作，是我们必须要做好的"后半篇文章"，是另一场攻坚战。希望大家认

已经调到县城工作的张敬美重回左南社区的乡村记忆馆参观
2022 年 6 月摄

清形势，鼓足干劲，切实把工作落实到位、问题整改到位，让广大滩区迁建群众真正实现安居乐业，不断提升幸福感、获得感和满意度。

王　健：

能致富是最终问题。根据县里的规划，我们镇里也有规划方案。依托黄河滩区，因为你搞其他的不行，只能是种植，目前整体的计划就是把黄河滩区这 45000 亩土地，依托当前传统的果树，第一就是发展特色林果，再结合黄河乡村旅游，这是一项。第二个就是发展现代农业种植蔬菜、种植药材，达到中国有机菜的基地这么一个项目，老百姓一看确实比传统种植收入多，自然地就去学习它，这样就增加了农民收入。第三个在村台建设，每个村上都建了扶贫车间，现在改叫致富车间，每个村台上都有那么一两个致富车间，能容纳 100 多人就业这样的车间。现在这些车间都已经签订了协议，有的项目都引进服装加工，我们这里有假发工艺品制作，做有一些教具，都是一些劳动密集型的，需要人工去做的，能解决在家不能出去的或者没生意做的，或者年龄偏大的农民。有

的在家带孩子出不去，送了孩子上学后还能就近到致富车间去干点活，增加收入。

我们也积极与人社部门、农业部门，搞一些基础培训。通过培训，使他们掌握一部分技能，或者有意向地与企业开展技术培训，通过劳务输出岗位去就业，也解决了部分农民的收入问题。

张敬美：

年初，我们县委组织了部分基层干部出去学习，看看其他地方的美丽乡村建设和经济发展。

我们黄河滩区老百姓世世代代在滩区生活，搬迁后这个村子就不存在了，老村没了，老百姓心里都有个情结。如何让老百姓记住他们的乡愁，包括我们的后代能记住这一段历史，记住我们的根，我们要帮他们弄个地方，建个乡村记忆馆。这也是保留住老百姓的一个记忆，看看当初我们老家是什么样子。时间长了，没有这些老物件，他们可能慢慢地就模糊了，就不知道黄河滩区本来是什么样子了。我们想通过比较直观的形式，建设一个乡村记忆馆。

图1

图2

常秀芹：

记忆馆准备摆放什么东西？

张敬美：

我们跟各乡村说了，把原来的织布机、养牛的牛槽，还有滩区用的独轮车等这些不用了的东西以及原来的农具、生产工具，全部陈列起来，把老村的原貌，还有胡同、老房子拍一些照片，陈列在记忆馆里，老百姓有空可以去看看。我们也想把村里一些老树果树等，在绿化区内，独立地放一个地方，成立一个小果园，也可以做一个牌子，比单独做绿化要亲切一点。与群众沟通的时候，群众说这个方法挺好的。

我们会出一点费用，政府给一定的补贴，有群众说可以不要钱，我们老百姓很淳朴，我对老百姓很有感情。

王方领：

长兴集乡以"搬得出、稳得住、能发展、可致富"为抓手，一是持续抓强做大特色产业。建设1.7万亩高标准农田，利用衔接资金建设日光温室大棚、分拣烘干车间和仓储物流中心，通过老村址土地复耕，新增近万亩耕地用于发展特色农业种植。现在魏庄火龙果、高庄皇尊蜜梨、竹林樱桃、秋葵等特色种植，都取得了很好的成效。

二是持续抓好基层组织建设。成立10个新村党组织，构建五级网格治理服务体系，实施网格化精细管理。常态化开展党组织评星定级、乡村振兴"擂台大比武"等活动，促进"头雁"能力提升。同时打造智慧服务平台，实行"智慧党建＋"服务模式，实现了"一站通办"。

三是持续强化提升人才支撑。大力优化返乡创业环境，持续不断培养"新农人"、吸引"返乡人"、用好"带头人"，打造了一批诸如车发展成立的山东金凤滩农业科技有限公司、高经礼创建的本味园家庭农场等一批新型农业经营主体，带动周边群众实现就地就业300余人，全乡上下展现了前所未有的发展活力。

王　健：

现在这个村台，按照规划设计，也是按照美丽村居这样的标准来设计的，整个绿化、美化这一块儿，配套设施都非常齐全。根据这个设计，五年以后，上面栽的这些绿植，还有村台周围栽的树，都长起来了，各种各样的树，开花的，结果的，地方特色的这些树，不能说是一个植物森林吧，我们这个滩区村台也肯定是一个花

图3

图4

图1-4　鄄城县左营镇左南社区
2022 年 5 月摄

园式的新社区。

范士武：

现在如果早晨上我们滩区里面转一圈，我感觉就是一个公园，我们为什么喜欢早晨早来？你到工地上一站，特别在这个滩区一站，空气太好了！没有任何的污染性企业。城市里面的公园也没有我们这个环境好，空气新鲜。群众现在生活的幸福指数非常高！以前认为滩区太穷了，不要上滩区去，现在正好观念在发生改变，每天早晨在这跑步、散步的人太多了，现在城里又有跑步队什么的，我们现在滩区的跑步队比城里还要多，环境好了，群众现在也有钱了，他们对自己的身体保养也注意了，所以锻炼身体的多了。我们村里面秧歌队、广场舞都有，每个村都有！条件、生活方式都在发生变化。

我在旧城镇干了这一年，有一种非常特殊的感情，就是跟镇、村两级干部，我们虽然付出了很多汗水，但是我们产生了一种很特殊的感情。我们真正对滩区群众干了点实事，大家都无怨无悔，没有抱怨，我们看到老百姓的笑脸反而有成就感。

张敬美：

曾经，我心目中美丽乡村的样子，就是将来有一天，老百姓从村里挪过来的果树都长得非常茂盛了，草坪也都绿起来了，老百姓也都高高兴兴的，晚上路灯亮了，他们每天晚上能够在广场上跳跳广场舞，可以在广场上聊聊天，甚至在亭子下喝喝茶，他们的日子非常舒心，过得非常快乐，非常幸福。我觉得这就是社会主义新农村的一个样板。在我的心中，这就是我们社会主义新农村。现在，这些梦想实现了，我感到自己也有成就感了，自己也由衷地有了一种幸福感了，我们这些人也没有什么遗憾了。昔日的黄河滩，如今真变成了幸福滩。

图1

图2

图1-2 搬迁前的菏泽市鄄城县董口镇鱼骨小学
2018 年 9 月摄

图1

图2

图3

图4

图5

图1-5　搬迁后的菏泽市鄄城县董口镇鱼骨小学
　　　2021 年 11 月摄

图1

图2

图3

图4

图1-4　菏泽市鄄城县滩区村民的新生活
2022年3月、6月摄

图1

图2

图1-2　菏泽市鄄城县左南社区的新校园
2020年9月摄

新建社区均高标准配套了水、电、路等基础设施，

配齐了学校、幼儿园、卫生室、健身广场等公共服务设施。

当前，各种特色产业得到大力发展，

黄河滩区的乡村振兴正走在一条光明的大道上。

菏泽市东明县新建村台大合影，包括焦园乡和长兴集乡等共 13 个村台

李保珠 2022 年 5 月摄

泰安市东平县旧县乡时代新城外迁安置社区
万庆丰 2019 年 8 月摄

　　本书四个篇章、四百多幅图片、四部纪录短片以及近十万文字，是我从 2018 年扎根菏泽黄河滩区，以动态和静态影像为主要媒介所做田野调查的一次集中呈现。在形成这一成果的过程中，得到了菏泽市委市政府尤其是菏泽市委宣传部、鄄城县黄河滩区脱贫迁建指挥部的大力支持和帮助，借此深表谢意。感谢菏泽市黄河滩区干部群众的密切配合和倾情奉献，侯养学、李沉静、张敬美、李玉如、贾海龙、王健、申广清、马华峰、路丽华、沈欣、陈思、王保平、王恩标，还有那么多难忘的面孔……因为你们，2018 年以来的这段特殊时光，是厚重而温暖的。

　　感谢山东省文联、省摄协领导对本书给予的指导和鼓励。感谢申广清、韩军、李保珠、王恩标、杨斌、刘文忠、徐竟哲、刘禄鸿等摄影师提供的部分航拍图片。

　　感谢所有帮助过我的领导、同事和友人。感谢李晓雯副总编和姜海涛教授的鞭策与帮助。我在拍摄《河水洋洋》纪录影片的过程中也拍摄了大量摄影图片，她俩在得知消息的第一时间就开始策划这本书的样貌，这本书也凝结了她俩的心血。感谢本书编辑李文倩及小伙伴们对本书付出的努力和辛劳。

　　感谢我的家人。

　　教学相长，也感谢我的学生们。持续五年的滩区创作，令我们共同拥有那么多终生难忘的珍贵记忆。如今，他们有的成为政府机关的青年骨干，有的成为大学老师，有的成为媒体记者。我想，把他们采访手记中的部分文字也编进书中，会别具意义。

常秀芹

2022 年 8 月于青岛崂山

冯丽桦（2016 级研究生）：

我们朝着一个方向前进，埋头看着脚下的路，踏过坎坷，绕过荆棘，猛然抬头向身后望去，已经走了好远好远，回想这一路心中充溢感动。

在黄河滩区创作之初，我曾因为毫无头绪且拍不出满意的画面而充满挫败感。在无数次的纠错、探索、领悟后我们厚积薄发，并且在与滩区人民的生活交织在一起的过程中，我渐渐感受到了导师所说的"心不能浮着，要俯下身子去拍"的真谛，所见所闻都触碰到我内心的柔软处，让我不想再只是为了拍而拍。

怀着赤诚之心将满腔热血献给乡村的基层工作者，黄河浮桥拆除后需要绕路两个小时的村民，在只有两个年级的小学坚守了三十多年的乡村教师，放弃研究生录取通知书投身基层扶贫的大学生村官……他们都值得我俯下身子去拍，我也应该俯下身子去拍。徐童说："纪录片就是一个人陪另一个人一起过一段生活。"这段生活虽然短暂，但足以让我感受到他们的坚忍和执着，这份精神让我揣着一颗柔软的心去拍出温暖的影像，再用影像去温暖每一个人。

杨柯璇（2017 级研究生）：

2018 年 11 月 1 日，记忆中很清晰地记得那是 11 月的第一天，当天我们要前往鄄城县左营乡（2020年 6 月改为左营镇）进行山东艺术学院的教学实践基地挂牌仪式。因为导师是发起人，所以我们几个随导师的车先出发。一路上，当地领导频频与导师电话联系有关事宜，有一段就由我负责开车。可是在临近梁山路段的时候，我们出了车祸！原本在右边的大车突然变道，没有保持好安全距离的我急忙往左打了一把方向，却不成想在 120 千米 / 时的速度下，稍微一打方向就会发生事故。结果可想而知，车子的左前轮撞到了高速护栏发生了爆胎，车身也受到了很大程度的损坏。发生事故的瞬间，我身边的师弟和身后的导师牢牢抓住了我的身体，我记得我们车上四个人都伴随着车体晃动，我开始努力让自己镇定下来，一会儿踩刹车，一会儿踩油门，终于让车子慢慢地停了下来。万幸的是，我们所有人毫发未损！没有任何受伤！万幸！

下车后，我们立刻打开了应急灯。导师第一个下车，发现车子已经无法继续行驶后，导师首先给了我一个拥抱，告诉我说："别害怕，你已经处理得很好了，万幸我们四个什么事情都没有！"

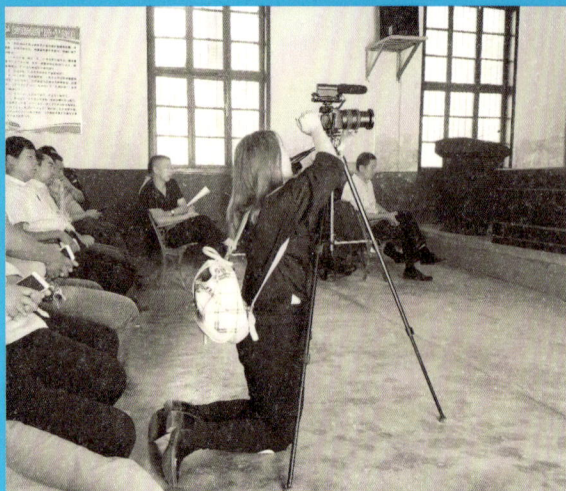

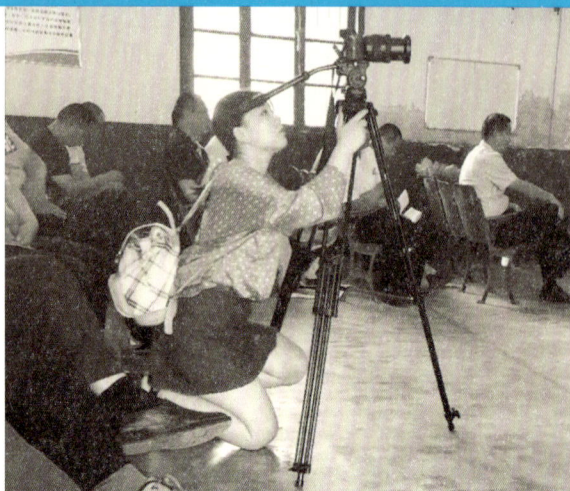

导师的拥抱让那个正处在劫后余惊中手足无措的我感到无比意外和温暖，对于她的车子受损状况导师半句未提。我导师随后的反应是，她说要赶紧联系学校后面出发的车辆，别耽误了公事！

导师马上打电话联系随后的车辆，生怕耽误了拍摄。这一份敬业精神让当时的我、现在的我都依旧十分敬佩！学校车辆到达后，我和一闻主动留了下来，开始联系保险，联系拖车，联系交警报告事故，处理好事故后续，导师和师弟一刻也不敢怠慢地继续搭车前往了郓城。后来我主动要求赔偿导师的费用，导师却说什么也不肯收，自己承担了全部费用，让我既内疚又感动。后来再提起这段经历，导师说我们拍片子是流血、流泪又流汗。

纪录片的灵魂在于承载着对社会的责任和使命，在于对人们生存状况和生命尊严的关怀。我想我们的《河水洋洋》之所以感人，除了其记录的是真人、真事、真情，更多的在于其透过影片传递出来的对脱贫攻坚历史进程中各类群体生活状态的关注、关心、关怀，以及对祖国未来的美好展望与向往。这是我难以忘怀的一段时光。

陈小雨（2017级研究生）：

回想第一次去郓城的经历，我至今记忆犹新。2018年7月底，一个热浪滚滚的盛夏，导师带领我和另一位同窗先去采风。我以前较少参与到这样的活动，所以经验不足，带着七分兴奋三分担忧，我们三个人扛着大大小小的器材，一辆小轿车，就直奔郓城而去。那是我第一次看到黄河，第一次看到黄河浮桥的建设，这景象让我感到新奇。我们举起相机，急于把这样的景象记录下来，头顶烈日当空，我们仿佛感觉不到热度。

后来我们又去了建设工地和村庄，与工人和村民们交谈。那里的村民以老人和小孩子为主，年轻人为了谋生很多都出去打工了。村民们对我们非常友好和热情。印象比较深刻的一次，我们团队的一部分人在室内做采访，由于紧挨着大路，来来往往都是拖拉机的声音，所以我和另一个同学在路边守着，以保持现场的安静。那是一个中午，太阳当空，我们站在阴凉地里阻挡往来车辆请他们绕道而行。对面一户人家的老奶奶看到我们，便弓着腰、步履蹒跚地朝我们走过来，用她并不清晰的声音问我们是干什么的，我简单解释了一下，老人点点头，也不知是否听清，转身回家了。过了一会儿，老奶奶提着两个小马扎出来了，非得让我们坐，我们向她表示了感谢，她似又想起了什么，转头对我们喊道：喝水吗？我怕她的喊声太大影响室内的采访，就冲老人摆摆手。过了一会儿，老人又拿着热水壶和两个搪瓷杯子出来了，我们特别特别感动。在黄河滩区我感受到了人与人之间最质朴最纯粹的感情。

刘京京（2017 级研究生）：

一开始，我对于这次纪录片的创作是迷茫、忐忑的，因为我从没在农村生活过，心里没底。拍摄初期，我在拍摄思路上，依旧利用拍摄微电影和实验影像的方式进行拍摄，在常老师的不断指导下，才逐渐熟悉纪录片拍摄思路和拍摄方法。

淳朴、热情是我对滩区居民的第一印象。我最担心的是如何保持和被拍摄者之间的良好关系，不知道如何与拍摄对象进行沟通。幸运的是，进村的第一天，我们就遇见了石爷爷石奶奶一家，仅仅两天，石爷爷石奶奶对待我们就像亲孙子亲孙女一样，每次我们去拍摄，都会给我们洗水果、倒水。印象最深的莫过于石爷

爷从小院子里摘新鲜的黄瓜给我们吃，老人家种的黄瓜是那么的清脆甘甜。我们在一次次的拍摄过程中，逐渐走进他们的生活，记录下他们在搬家时候的不舍、搬入新家之后对村庄的思念以及在新楼房里不断适应生活的过程。记忆随着时间的冲刷不断消逝，但那清脆甘甜的黄瓜、和蔼可亲的笑容永远都不会忘却。

随着拍摄不断深入，我们去了郭集完小，采拍另一位拍摄对象——宋稳稳老师。宋稳稳老师家在菏泽市，因为要来滩区教学，不得不把一岁的孩子交给她的父母帮忙带，只有周末才有可能回市里的家看看孩子。在跟拍宋稳稳老师的过程中，总是在她的话语里听到对自己宝贝的愧疚，但是一提起她的学生，她就说一切都值得。

在这次拍摄中感谢常老师一直以来的陪伴和激励，导师全过程指导我们的创作，参加这次拍摄是非常珍贵的一次创作体验。我们知道了什么是扎根基层，也体验了滩区居民淳朴的乡村生活，真切地走进了中国农村，真实地感受到在脱贫攻坚的历史进程中国家的力量。

孙一闻（2017级研究生）：

朋友，是我人生中比较少用的词汇。因为我对它的使用极为苛刻。只有互相陪伴、一起经历事情，并且拥有情感寄托的人，才能当作朋友，但是在这里我有很多朋友，因纪录片把我和他们拧在一起。随着拍摄结束，这段感情从地域上来说是越来越远，只能心里一直记挂着，想念着，不敢问候，也或许不知如何问候。

鱼骨村，见证过我的成长，当我因此纪录片获奖时，这位见证者却不见了。从第一次和鱼骨村相识到它成为废墟是一年半的时间，我们互相陪伴了一年半。正月十五那天鱼骨村村民冯再国给村子里抱回来两千多块钱的烟花，当天老老少少的村民都来到放烟花的地方。那天的烟花很美，这种美，我在村民的眼睛里看到了，

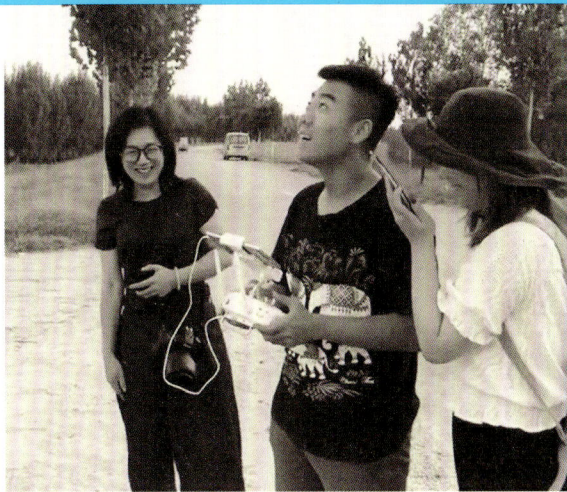

从他们的笑容里看到了，从一张张朴实的脸上也看到了。他们最不会骗人。这些小事不断刷新我的人生经历，也刺激着我对外界的感知。

在鱼骨村，我随便可以进任何一家我想去的人家，我对鱼骨村的熟悉程度远远超过我自己家的小区。鱼骨村村民搬家期间我没能前去，想象着他们在小斗篷车上放满家具过河的场面应该蛮声势浩大的，有雄赳赳气昂昂的气势，还有奔向好日子的劲头儿。后来，村子被拆了，我站在断壁残垣之间，一股陌生感油然而生，黑压压的鸟儿到处飞，想必也是惊动了它们的家。我不敢往里面走，匆匆拍下几个镜头便落荒而逃。我学过笑着说"你好"，却从没学过如何说"再见"，就让村子最美的时刻留在《河水洋洋》里吧。

马群（2016 级本科生、2020 级研究生）：

在跟随常老师来到滩区之前，我对于纪录片始终没有任何特殊的感觉，而在我第一次跟随拍摄结束时，常老师微笑着对我说："怎么样，虽然有点累，但是纪录片很有意思吧。"这句话直到现在也时常回响在我耳边，也正是从那时起，纪录片成为了我创作中不能割舍的一种艺术形式。

在滩区的时光，也是我人生中成长速度最为迅速的一段时光，是值得我铭记一生的创作经历。生活在黄河边村民的热情与坚忍，带给了我太多感动和感悟。常老师的亲身指导与团队成员的共同协作，也给予了我太多帮助和成长，在滩区的创作让我见证了平凡人物的那份平凡力量，那份昂扬的生命力冲击着我的内心，每去一处拍摄地，各户乡亲总是带着热情与笑容。他们是那么的淳朴、热情、善良，这些美好的品质在创作过程中始终感染着我。这些感动与经历亦会使我受益终生。

徐竟哲（2016 级本科生、2021 级研究生）：

《河水洋洋》让我第一次认识到纪录片创作的魅力，也让我第一次接触到纪实影像的拍摄方法。

在黄河滩区，我认识的第一个人就是时任董口镇党委书记的李玉如老师。他给我最深的印象是穿着一件洗得发旧了的驼色夹克，一条布满了泥点的灰色西裤和一双分不清什么颜色的老北京布鞋，这样的形象真的很难让人联想到他是镇上的党委书记。后来拍摄左营乡（2020 年 6 月改为左营镇）党委书记张敬美老师，他穿的是深色夹克，也是分不清什么颜色的老北京布鞋，也是"早六晚九"的基本生活节奏。这是几年来乡镇基层干部的工作常态，"周六一定不休息，周天休息不一定"是他们的自嘲。

在滩区、在鄄城，有太多值得我怀念的人了，不论是怀着满腔热血投身家乡建设的基层工作人员，还是在只有两个年级的鱼骨小学坚持三十多年的留守教师彭老师，又或是望着被拆除老房子和菜园子默默伤心的石爷爷，还有放弃高薪毅然返乡创业的年轻人们。他们都深深地印在我的心里，他们那质朴的笑容和亲切的乡音让我仿佛回到了自己的家乡。我想我们创作的《河水洋洋》之所以感人，正是因为我们俯下身子去感受了滩区人民的生活，并且感受到了他们的情感。对于参加过《河水洋洋》制作的摄影师来说，我无疑是幸运的，我庆幸在我本科的学习中就有如此难得的拍摄机会，更庆幸的是常老师能够不厌其烦地教导我并且信任我。三年的滩区拍摄暂告一段落，但是我们和黄河的故事才刚刚开始……

王昭元（跟组实习生，现就读加拿大英属哥伦比亚大学）：

有人说，艺术创作，来源于生活，高于生活。这是他们的"道"。可能每个同世界打交道的人，都在心

底藏着一个疑问，即那个困扰人类上千年的古老谜典：我们来自何方，我们要去哪里？为了寻找"道"，有些人吸食鸦片，有些人信仰上帝，有些人沉湎于威士忌，有些人寄希望于爱情。这就是那一成不变的"道"。①

人对自己将去之路的追寻永无止境。我是个用影像图画、文字乐律讲故事的人，曾经想选那条没什么弯绕，最多人走的康庄大道，也在它伸出的几条景色不一，或去向密林远处，或通往不知名无人区的小径前驻足。

可幸运的是，四年前，我遇到了那个足以改变我人生轨迹的机遇。

从此以后，我在这个不曾涉足过的领域埋头深扎，一路有风，有雨，有黄河水的怒呼，有齐声壮喝的劳动号子，有琅琅的读书声，伴随着点点滴滴的见闻，筑成了一系连接我与黄河滩区的脐带。

常教授邀请我与她一起去鱼骨村参与实地拍摄，我几乎不假思索就感激地答应了。对于一个题海缠身的高中生来说，有导师不介意带一只一窍不通的拖油瓶，添一双吃饭的筷子，这简直就是可遇不可求的事。

一路颠簸，途经鄄城、辗转高速上下，绕道濮阳抵达黄河滩区，已经有先遣队的学姐前一天在村里考察打点好了，因为当地黄河浮桥施工的原因，她不得已留宿鱼骨村，在老乡家借住了一夜。第二日开工拍摄，我端正态度，跟在拍摄小组后，从婚礼现场开机，到傍晚日落时分上的无人机记录，无论是饭席间热腾腾

---

① 出自［英国］威廉·毛姆《面纱》。

闷住的一扑扑烟气，庄稼地里参差不平的短茬，还是老村里上了年纪的老人在泥路上推着小三轮架货，笃实的温情、心揪的酸楚，这一切对我来说都来得太过震撼；于是我郑重地将它们封种进心土，让这些记忆扎根，时不时一拂，等它抽芽，等它焕生。

一身粗麻外褂，扎筒半裤的，是推车的大爷，村里的路和他一样，上了年纪。前半晌刚下过雨，于是木轮子碾过，泥地嘀嘀地喘着气，那双布鞋踩定凹陷的浅洼，步子一矮，下力一扛，车晃了晃，轧出的辙痕吃饱了水，一片发浑的浮影晒在水面上。

苞米地里大姐的腰从清晨弯下去，直到夕阳一个巴掌压住山，才直起来。庄稼倒下去几竖排，比着手指算，还要再干上九个满天。衣裳回去就得换喽，汗在后背的老花布上染出一块黄河流域图，沸了不止五千多年。

不知道有多少和他们一样劳作的人，只知道那是个昏暗的午后。天下最劳心者，文人；最劳力者，农夫。今时今日，方知贾平凹是怀着何种心情落下的这笔。

滩区的劳力者为生计奔波，为希望赶路，他们是头等的生产者，一面靠水吃水地在时代的浪涌中站稳了身子，一面源源不断地为劳心者供给作物，而劳心者却无所作为，不能丝毫改善大多数劳力者的现状，念及此处，不觉顿首。

黄河滚滚天上来，坐拥古今诗人骚客大量笔墨的天神之水一路摧枯拉朽，浩荡咆哮，却稳稳扎根进了人

世间。同样地，艺术创作来源于生活，无论表达形式多高多渺，最终或反映社会问题，或揭露病根痼疾，都要溯本逐源，服务于生活，服务于大众。

做好让老百姓不必仰视的艺术，这就是我的"道"。

图书在版编目（CIP）数据

河水洋洋：黄河滩区乡村振兴影像图志 / 常秀芹著
. —— 济南：山东美术出版社，2023.5
ISBN 978-7-5330-9614-4

Ⅰ. ①河… Ⅱ. ①常… Ⅲ. ①农村－社会主义建设－
郓城县－摄影集 Ⅳ. ① F327.524-64

中国版本图书馆 CIP 数据核字 (2022) 第 178503 号

河水洋洋：黄河滩区乡村振兴影像图志
HESHUI YANGYANG: HUANGHE TANQU XIANGCUN ZHENXING YINGXIANG TUZHI

常秀芹　著

特邀顾问：李陈春
策　　划：李　晋　李晓雯
责任编辑：李文倩
书籍设计：姜海涛

主管单位：山东出版传媒股份有限公司
出版发行：山东美术出版社
　　　　　济南市市中区舜耕路 517 号书苑广场（邮编：250003）
　　　　　http://www.sdmspub.com
　　　　　E-mail:sdmscbs@163.com
　　　　　电话：（0531）82098268　传真：（0531）82066185
　　　　　山东美术出版社发行部
　　　　　济南市市中区舜耕路 517 号书苑广场（邮编：250003）
　　　　　电话：（0531）86193028　86198029
制版印刷：山东新华印务有限公司

开　　本：787mm×1092mm　1/16　21 印张
字　　数：415 千
版　　次：2023 年 5 月第 1 版　2023 年 5 月第 1 次印刷
定　　价：218.00 元

如印装质量有问题，请与出版社联系调换，电话：（0531）82098268